한국 사교육, 현실과 대안

한국 사교육, 현실과 대안

윤유진

역락

     지난 반세기동안 교육은 국가발전에 큰 기여를 했다. 이에 대해 반론의 여지는 없다. 여기에서의 교육은 아마도 공교육 뿐 아니라 사교육을 의미한다고 할 수 있다. 2000년에 과외금지가 위헌으로 결정되면서 우리나라에서 사교육은 급격하게 증가했다. 학부모들에게 미치는 사교육비 부담이 도를 넘기 시작하면서 보완책으로서의 기능을 넘어 이제는 사교육이 공교육의 목적과 근간을 위협하는 지경에 이르렀다.

     정부는 2007년부터 매년 사교육비 및 사교육 의식조사를 통해 국가차원의 자료를 수집하여 그 대책을 마련하고 있다. 통계청에서 조사하는 사교육이란, 초·중·고 학생들이 학교의 정규교육과정 이외에 사적인 수요와 공급에 의해서 학교 밖에서 받는 보충교육을 위해 개인이 부담하는 비용으로 학교의 정규교육과정 이외에 경제적 대가를 치루고 이루어지는 교육활동을 의미한다.

Stevenson & Baker(1992)는 사교육을 '공교육의 그림자(shadow education)'라고 칭하였다. 이들은 사교육이 교육과정 이외의 과정으로 그 존재의 가치가 분명히 드러나지 않는다는 의미에서 '공교육의 그림자(shadow education)'라고 본 것이다. 사교육은 학교 교육과정과 유사하며 시험 등을 대비한 교과목에 집중적으로 운영된다. 학교는 교육과정에 대한 평가에 있어서 그 책임을 면하기 어렵지만 사교육은 마치 그림자처럼 눈에 쉽게 띄지 않는다.

우선, 사교육이 문제시되고 있는 교육기회의 불평등과 비효율성 등의 문제에 대하여 사회적으로 비용의 낭비일 뿐 아니라 부실한 공교육을 보완하는 기능도 하지 못하고 있다고 주장한다(김태일, 2005; Baker & LeTendre, 2005). 사교육으로 인하여 비용의 낭비와 고등교육에 대한 비효율적 인적자원배분이라는 시장의 실패에 대하여 주장하고 있다. 사교육격차가 계층 간 교육의 불평등으로 이어지고 있다는 우려가 확산되자 정부는 방과후학교 정책, EBS 수능연계 강화 외 다양한 강도 및 내용의 사교육 억제 대책을 제안하고 시행하여 왔다

사교육을 사회문제로 인식하는 시각은 다음의 이유 때문이다. 첫째, 과도한 사교육비 지출은 사회적 비용의 낭비와 국가경제의 왜곡을 가져오고 있다(2014, 김동욱 등). 사교육은 학

교에서 배우는 교육과정을 선행의 형태이든 보충의 형태이든 반복하는 학습형태이다. 공교육과 사교육을 통해 동일한 내용을 위해 이중으로 비용을 지불한다. 2018년에 우리나라에서 초·중·고 학생들이 지출한 총 사교육비는 약 19조 5천억 원에 이르고 있다(통계청, 2019). 1인당 사교육비도 조사이후 지속적으로 증가하여 2018년도 초·중·고 학생 1인당 29만 1천원에 이르고 있다. 2018년 사교육 참여율은 71.8%로 초·중·고 학생 4명 중 3명이 사교육에 참여하고 있는 것을 알 수 있다.

둘째, 소득수준에 따른 사교육비 지출이 교육기회의 불평등을 초래하고 있다(김희삼, 2015). 2013년 서울대 입학생 중 사교육 경험이 있다고 응답한 경우는 85.9%였으며 대도시지역 출신 학생의 비율이 74.3%로 나타났고 이중 서울 출신은 34.9%였다. 대졸이상의 교육 수준은 아버지가 83.1%, 어머니가 72.0%로 통계청에서 집계된 20세 이상 성인 중 대학 출신 비율인 43.2%의 2배 가까운 수치다. 아버지의 직업이 화이트칼라라 할 수 있는 전문직과 사무직의 비율이 91년 22.7%에서 2002년에는 38.7%였고 2006년 조사에서는 40.7%로 높아졌고 2013년에는 53.5%로 학력이 대불림되는 현상을 보이고 있다(서울대 대학생활문화원, 2013).

셋째, 지나친 사교육 선행학습으로 인해 학생들에게 자기주도 학습능력이 저해되고 있다. PISA 2000 결과에 의하면 한국 학생들의 학업성취수준은 세계 상위 수준이나 자기주도적 학습능력이 취약한 학생비율이 22%로 평가에 참여한 21개국 중 최하위권에 해당하는 것으로 나타났다(OECD, 2012). 45.6%의 학생들이 학원의 도움이 없이 스스로 공부하기에 불안하다고 느끼고 있다고 인식하여 자기주도적 학습능력이 방해를 받고 있다.

넷째, 사교육은 학생들의 정서적·신체적 발달을 심각하게 저해하고 있다(2009, 안미란). 이봉주(2015)는 '아동의 행복감 국제비교연구'를 통해 한국 아동의 '주관적 행복감'이 조사 대상인 12개국 아동 가운데 가장 낮다고 지적하였다. 자신의 학업성적, 외모, 신체에 대한 한국 아동의 만족감은 각각 7.2점, 7.4점, 7.0점으로 조사국 최하위 수준으로 네팔과 에티오피아의 아동보다 한국 아동이 행복을 덜 느낀다는 조사결과를 발표했다. 과도한 경쟁의식, 경쟁에 대한 불안감, 자율의 구속 등으로 인한 결과이다. 발달단계에 따라 적절하게 놀거나 경험해야 할 일들이 많지만 사교육으로 인해 이러한 교육기회를 상실할 수밖에 없고 여행이나 현장체험과 같은 다양한 경험이나 교우관계 등에 할애되는 시간이 급격하게 줄어들기 때문이다.

사교육이 학생들의 학업성취에 도움을 주고 있는 것이 사실이다. 그러나 막대한 사교육비는 학부모뿐 아니라 국가적으로도 부정적인 영향을 미치기 때문에 부모들의 교육열에 부응하는 사교육 대체 정책은 무엇보다 시급하다. 그동안 사교육의 대체 정책으로 방과후학교와 EBS가 주목을 받아왔지만 최근 들어 참여도가 낮아지고 특히, 무상방과후학교 참여율과 초등보육의 참여율이 낮아지고 있어 사교육 대체 가능성에 대한 실증적인 연구가 절실히 필요해졌다.

사교육을 하는 목적에 대하여 학부모들은 명문대 진학과 취업을 꼽는다(김동욱 등, 2014). 사교육의 궁극적인 목적은 학업성취를 통한 지위 획득인 것이다. 전통적인 고수익 전문직종에 덧붙여 금융과 정보, 그리고 지식 및 여타 고급 서비스 산업의 등장과 같은 산업구조의 변화에서 비롯하는 직업구조의 변화는 단순히 대학을 졸업했다는 사실 이상으로 명문대 졸업여부가 자녀의 미래직업을 결정한다. 특히 자원이 충분치 않은 우리나라에서 여건에서 지나친 사교육은 사회계층의 고착화와 같은 교육의 역기능을 초래할 수 있다(김희삼, 2015).

사교육, 방과후학교, 그리고 EBS의 학업성취 효과를 비교하였다. 사교육 효과는 모든 수준에서 나타나기보다는 그 대상이나 영역에서 제한되어 나타나고 있고 때로는 사교육의 역기능적인 효과가 있으므로 학생이 처한 환경이나 조건에서 사교육의 효과가 있는가를 파악하는 것이 필요하다. 김진영(2011)은 우리나라에서 사교육비를 줄이기 위한 정책은 교육의 기회 균등이라는 의미에서 뿐 아니라 공교육과 사교육의 적절한 공존을 위해 방과후학교 및 EBS를 활용하는 방안이 필요하다고 지적하였다. 사교육 수요가 증가한다는 것은 곧 공교육에 대한 필요성도 크다는 것을 의미하기 때문에 방과후학교와 EBS를 사교육의 대안책으로의 모색도 필요하다.

　　사교육이 사회문제로 인식되고 있는 것은 사교육의 수요 중 학습부진이나 영재성 계발을 학교가 제대로 해주지 못하는 현실과 더불어 유리한 입시경쟁의 발판을 마련하려는 동기가 함께 작용하고 있기 때문이다. 이러한 사교육에 대한 요구를 충족시키기 위해 방과후학교와 EBS를 대체재로 개발하기 위한 노력이 끊임없이 이어지고 있다. 만일 방과후학교 및 EBS의 학업 향상 효과가 사교육에 비해 낮지 않다면 대체재로서의 역할을 강력히 제안하는 바이다.

2019. 12.
윤유진

차례

머리말   5

1부
사교육 발생이론

1장   사교육 동기 이론   17
   1. 기대이론   19
   2. 게임이론   22

2장   사교육 결과 이론   25
   1. 인적자본이론   25
   2. 노동시장가설   28

3장   사교육 환경 이론   33
   1. 지위획득 모형   33
   2. 사회적 자본   36
   3. 문화적 자본   40

4장   사교육 발생이론과 부모주의   45

2부
사교육의 학업성취 효과에 영향을 주는 요인

1장   사교육비 변인   51

2장   사교육 시간 변인   57

3장   사교육 시기 변인   61

4장   교과목 변인   65

5장   지역 변인   77

6장   가정배경 및 정의적 변인   79

7장   대학진학 및 대학성적 변인   83

3부
사교육의 대안책으로서 방과후학교 및 EBS

1장   방과후학교 및 EBS의 정책배경   89

2장   방과후학교 및 EBS 교육의 효과   95

3장   방과후학교 및 EBS와 학업성취 효과   107

4장   방과후학교, EBS, 사교육 학업성취 효과 비교   115

4부
사교육 국제 비교연구

1장 사교육 국제 비교연구의 필요성   131

2장 동아시아 지역의 사교육 실태   137

3장 OECD PISA 결과에 나타난 사교육 실태   147

4장 TIMSS에 나타난 사교육의 영향   151

5장 사교육과 학업성취 관련 국제 비교연구   157

5부
사교육 및 방과후학교 해외사례

1장 사교육 국제 비교연구   169

2장 방과후학교 해외 연구   179

3장 핀란드의 방과후 활동   183

4장 스웨덴 방과후학교 레저타임 센터   187

5장 독일의 온종일 학교   189

6장 미국 위스컨신의 FAST 방과후 프로그램   191

7장 OECD가 주목하는 방과후학교   195

참고 문헌   198

1부

·

사교육
발생이론

1장

사교육 동기 이론

　　우리나라 부모들의 자녀교육에 열의는 그 어느 나라보다
크다. 부모는 자녀의 학교생활 뿐 아니라 자녀가 받는 사교육의
형태와 종류를 결정하는 등 자녀의 학업에 직·간접적으로 영향
력을 행사하고 있다(박명희, 2005). 따라서 우리나라 사교육은 학
부모들의 교육관을 반영하며 때로는 지나친 교육열을 보이기도
한다.

　　교육을 받음으로써 얻는 이익이 교육을 받는데 드는 비용
보다 크다면 학부모들은 공교육이든 사교육이든 경제력이 허용
하는 한 사교육을 시킬 것이다. 이런 의미에서 과외를 포함한 모
든 사교육 서비스에 대한 개인의 구매행위는 개인의 관점에서
볼 때 합리적인 선택 행위이다(신도철, 1998). 학교교육에 만족하
지 못한 학부모들이 사교육의 필요성을 인식하여 자녀에게 사

교육을 시키는 것은 매우 자연스러운 선택이다.

학부모가 자녀의 사교육에 투자하는 이유는 부모의 노후 대비 동기나 부모들의 자녀사랑 동기, 그리고 부모 자신의 대리 충족에 기인한다(유형선·윤정혜, 1999). 특히, 우리나라 부모의 자녀교육에 대한 투자동기는 학벌주의로 연결되며, 가족 구성원의 성공이 가족의 성공이라는 가족주의에서 나온 교육열이 바로 사교육지출의 원동력이 된다(유형선·윤정혜, 1999). 즉, 교육투자가 자녀들의 경제적, 사회적 지위 획득에 유리하기 때문에 부모는 사교육 지출한다(김희복, 1992; 정영숙, 1996).

사교육 발생을 설명하기 위해 다양한 이론적 접근이 시도되고 있다. 사교육 발생에 대하여 '사교육비의 지출 동기'와 '사교육비 지출 이후의 결과' 중 어디에 비중을 두느냐에 따라 구분하기도 하였다(이종구·김태진·권기현, 2009). 본 연구에서는 이러한 연구를 근거로 사교육 동기 이론, 그리고 결과 이론을 살펴보고자한다. 그리고 사교육 환경 이론과 부모주의를 통해 우리나라에서 발생하는 사교육이론을 살펴보고자 한다.

우선 사교육비를 지출하는 동기측면에서 사교육비 지출 행위는 기대이론과 게임이론으로 설명하였다. 그리고 사교육비 지출 후 얻게 되는 결과적 측면에서는 인적자본이론(Human Capital Theory)과 노동시장가설이 있다. 그리고 사교육 환경 이론

한국 사교육, 현실과 대안

으로는 지위획득이론과 사회적자본이론 그리고 문화이론이 있다. 마지막으로는 유교주의 국가인 동아시아 국가에서 주로 나타나는 부모주의 및 교육열에 대하여 알아보겠다.

학부모들이 자녀에게 사교육을 시키는 동기에 대하여 사교육 동기 이론은 하나의 답을 주고 있다. 자녀에게 사교육을 시키는 동기는 무엇인가 그리고 사교육비 지출행위 뒤에 가려진 불안심리를 동기 이론으로 설명할 수 있다. 사교육 동기 이론으로는 Victor Vroom(1964)의 기대이론(Expectancy Theory)과 John von Neumann(1944)의 게임이론(Game Theory)이 있다.

1. 기대이론

부모들은 학교에서 정규교육과정을 통해 교육을 받고 있는 자녀들에게 경제적 부담을 감수하고 사교육을 시킨다. 사교육 행동을 Victor H. Vroom의 기대이론(the Expectancy Theory)으로 설명할 수 있다. 원하는 결과를 위해 선택한 행동은 동기력(motivational force : MF)이며 이는 다음의 공식에 따라 결정된다.

$$MF = Expectancy \times Instrumentality \times \Sigma \ (Valence(s))$$

기대감(Expectancy)은 '노력을 수행(effort-performance)'하는 것과 관련성을 갖는다. 그래서 개인이 노력을 수행하는 것은 자신의 과거 경험, 인성, 자신감, 정서 상태에 의해 크게 좌우된다. 도구(Instrumentality)는 '보상 수여(performance-reward)'와 관련성을 갖는다. 개인은 성취수준이 보상 수준에 적합한지에 대한 인과성 평가한다. 균형(Valance)은 개인이 결과(보상)와 관련된 가치이다.

　　기대이론은 네 가지의 가정을 갖는다(Vroom, 1964). 첫째, 사람들은 자신의 욕구, 동기, 과거의 경험에 대한 기대를 가지고 행동한다. 이것들은 개인이 행동을 결정하게 하는 중요한 요소로 작용한다. 둘째, 개인의 행동은 의식적인 선택으로 자유의지를 가지고 계산된 행동을 선택한다. 셋째, 사람들은 높은 임금, 안정된 직장 등 다양한 보상을 원한다. 넷째, 개인적으로 결과에 대하여 낙관적인 상황을 가져올 수 있는 대안을 선택하게 된다.

　　그리고 기대이론에는 기대감(expectancy)과 도구(instrumentality) 그리고 균형(valence) 등의 세 가지 중요한 요소가 있다. 즉, 사람들은 (1)자신의 노력이 긍정적인 결과를 가져올 것이라고 생각(기대감) (2)자신의 행동으로 인하여 보상이 따라올 때(도구적) (3)그 보상의 가치가 매우 긍정적일 때 행동(균형)하게 된다. Vroom의 기대이론은 개인의 동기 유발 정도 혹은 행동의 선택이 욕구의 강도와 자신의 행동의 선택이 가져올 효용(1차 결과)에 대한 기대감, 그리고 효용이 자신이 원하는 결과(2차 결과)를 유발할 가능성에 의

20

해 결정됨을 설명한다.

　　Vroom의 기대이론에 의하면 학생과 학부모는 사교육을 통해 성적이 향상(1차 결과)될 것에 대한 기대감과 성적향상으로 인하여 명문대학에 진학할 것(2차 결과)이라는 기대감이 복합적으로 작용하여 사교육에 참여한다고 설명할 수 있다. 사교육비를 지출하게 되는 동기는 사교육을 통해 나타날 효과에 대한 기대감과 그러한 효과를 통해 얻는 희망하는 결과를 이루게 될 가능성에 의한다(이종구 외, 2009). 즉, 사교육을 통해 단기적으로 성적이 향상이라는 기대감과 장기적으로 일류대학에 진학 할 수 있다는 기대감으로 사교육비 지출을 결정하게 한다. 따라서 학부모의 입장에서 보면, 현재 자녀의 사교육비 지출을 통해 자녀가 높은 경제력과 사회적 지위를 얻게 될 것이라는 기대가 클수록 사교육비에 대한 지출이 커지게 된다.

　　부모들은 사교육을 증가 시키는 사회문화 풍토 중에서 '취업 등에 있어 출신 대학이 중요하기 때문에'에 대한 긍정적 응답이 75.6%로 높게 나타났다(김동욱 외, (2014). '대학 서열화 구조가 심각하기 때문에' 항목에 대하여 77.2%로 높게 나타나 학부모들이 자녀를 사교육 시키는 의식이 출신대학을 중시하는 사회풍토를 지적하고 있다. 기대이론의 모형을 통해 사교육 현상을 분석하면 다음의 [그림 1]과 같다.

[그림 1] 사교육의 기대이론의 모형

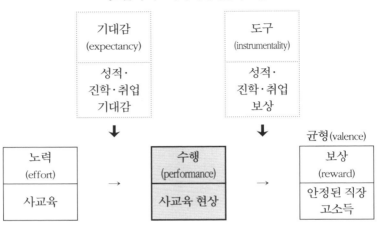

2. 게임이론

　사교육비 지출 동기 측면에서 사교육비 지출 행위를 설명할 수 있는 또 다른 이론으로는 게임이론이 있다(Ostrom, Gardner & Walker, 1994). 게임이론은 상호의존적인 선택에 관한 이론이라고 말할 수 있다. 상호의존적 선택이란, 한 개인의 선택만으로는 결과를 결정하지 못하는 상황에서의 선택을 말한다. 상호의존적 선택의 전형적인 예로는 축구 등의 운동경기나 포커게임 등의 카드게임에서 상호의존적인 선택에 관한 이론을 게임이론이라고 한다. 이러한 사회상황에서 개인들의 선택과 이 선택의 결

　　　　　　　　　　　　　　한국 사교육, 현실과 대안

과로 나타난 사회상황을 예측하는 것이 게임이론이다. 즉, 개인의 행동의 결과가 자신의 행동 뿐 아니라 다른 사람의 행동에 의해 결정되는 사회상황에서 주어진 규칙과 자연적 원리의 계약 하에 개인들이 어떤 결정을 내리는가를 탐구하는 결정이론의 한 분야가 바로 게임이론이다. David K. Levine(1998)의 경제학과 게임이론(Economic and Game Theory)은 좀 더 정확히 말한다면 사회상황이론으로 불릴 수 있다. 게임이론에서 대부분의 연구는 구성원들이 어떻게 상호작용하는가에 초점을 맞추고 있다.

이희숙(2003)은 게임이론에 사용된 '죄수의 딜레마(Prisoners Dilemma)'로 학부모의 사교육비 지출 동기를 설명하고 있다. '죄수의 딜레마(Prisoners' Dilemma)'란 특정 규칙을 한쪽 참여자가 일방적으로 파기함으로써 파기한 당사자에게 더 큰 이득이 돌아오게 되는 경우 참여자들 모두에게 이득이 되는 결정이 나타나기 어렵게 된다. 이것은 백일우(1999)가 지적했듯이 죄수의 딜레마는 우리나라 학부모들 사이의 소비적이고 소모적인 과외행태를 잘 설명해 주고 있다. 또한 집단주의적 사고와 행동에서 벗어나 다른 사람과 다른 행동을 할 때 수반되는 지나친 두려움이나 불안감으로 사교육을 하는 교육관행을 보여주고 있다(한성열, 1994).

핵무기로 예를 들자면 자국이 유사시에 공격받을 것에 대비해 핵무기를 보유하고 상대 국가는 핵무기를 폐기하는 것이 가장 좋은 방안이라고 생각할 것이다. 상대방이 보유하고 있는데 자국이 핵무기를 폐기하는 것이 가장 나쁜 방안이기 때문에 상대방이야 어떻든지 간에 자국이 핵을 보유하는 것이 좋을 것이라고 판단할 것이다. 그런데 두 나라가 동시에 핵을 폐기할 수 있다면 여러 면에서 더 나은 상황이 되겠지만 결국 두 나라는 비밀리에 핵을 보유하는 방안을 선택할 것이라는 이론이 게임이론이다. 대학입시를 위한 사교육 행위는 소비적인 경쟁게임의 형태를 보인다.

　게임이론에 의하면 사교육 행위는 학생 상호간에 매우 의존적인 선택에 의하여 결정된다. 즉, 나 혼자만 사교육을 받지 않을 경우 상호의존적 게임에서 불리한 입장에 처해지게 되므로 어쩔 수 없이 사교육을 선택하게 된다. 모든 학부모가 자녀에게 사교육을 시키지 않으면 여러 면에서 유리하다는 것을 알지만 비밀리에 사교육을 받는 매력을 뿌리치지 못하기 때문에 사교육이 발생한다고 보는 것이다. 실제 2013년 통계청 조사에서 학부모들이 자녀들에게 사교육을 시키는 이유에 대하여 '불안해서'라고 응답한 학부모가 17.7%로 다른 아이들이 사교육을 받기 때문에 우리아이만 받지 않을 경우 불이익을 당할 것이라는 불안감 때문이다.

사교육 결과 이론

사교육비 지출 후 얻게 되는 결과적 측면에서 사교육비 지출 행위를 설명한 이론이 있다. 사교육 결과 이론에 의하면 사교육은 인적자본의 생산성을 높이기 위한 투자로 인적자본이론(Human Capital Theory)과 노동시장가설이 있다. 부모가 자녀에게 사교육을 시키는 이유는 성적향상과 좋은 대학진학이며 이것은 결과적으로 좋은 직장과 높은 소득으로 이어지게 된다(김지경, 2004). 이러한 입장에 보면 미래에 자녀의 경제력과 성공이라는 결과를 얻기 위해 사교육비를 지출하는 것은 당연하다고 볼 수 있다.

1. 인적자본이론(Human Capital Theory)

인적자본이란 장기간에 걸쳐 인간 체내에 형성되고 내재

화된 기술, 경험, 지식, 건강 등을 말한다(Becker, 1994; 문숙재 외, 2007 : 44). 인적자본이론에 의하면 학교교육을 비롯한 직업훈련과 현장훈련 등을 통한 인적자본 향상이 생산성 향상으로 이어져 개인 지적능력의 향상, 고용기회, 소득 면에서 유리하다. 개인의 고용기회나 고용수준 및 임금수준의 차이는 근로자 개인의 생산성 차이에 의해 결정된다. 즉, 개별 근로자의 인적역량의 향상은 학교교육, 직업훈련, 노동시장경력 등 인적자본에 대한 투자량에 의해 결정된다(Schultz, 1963; Mincer & Polachek, 1974; 이성규, 2004 : 157).

　인적자본은 공교육 뿐 아니라 사교육을 통한 학습을 통해 개별역량을 높일 수 있다. 공식적 교육(학력), 비공식적 훈련, 경험, 기술, 지식 등을 통해 역량의 향상이 가능하다(전방지 외, 2008). 사람들은 교육이 미래의 사회적 지위와 경제적 보상을 위한 투자행위로 인식하고 있다. 즉, 개인의 역량을 개발시킬 수 있는 것은 교육이며, 우리는 공식적 교육제도인 공교육과 비공식적 교육제도인 사교육을 통해서 학생들의 역량을 개발시킬 수 있다고 믿고 있다. 따라서 학생들은 이러한 공식적·비공식적 교육제도를 통해서 학업 성취를 높일 수 있는 것으로 볼 수 있다. 이와 같은 관점에서 비공식적 교육제도를 통한 교육 여부에 따라 교육격차의 발생할 수 있다.

인적자본이론은 1960년대 이후 경제학자들 사이에서 기업으로 제공되는 노동력 측면에서 자주 거론되었다. Schultz(1961)는 노동력의 잠재적 가치를 향상시키기 위해서는 투자가 필요하다고 보았다. 사람의 능력을 자본이라는 개념으로 확장하여 본 것이다. 인간자본을 향상하는 방법을 5개 영역으로 분석한 Schultz(1961)는 그 중 교육과 훈련을 통해 인간의 유용성과 만족감을 향상하는 시킨다고 하였다. Gary Becker 역시 인적자본이라는 개념을 일반교육과 특정한 훈련이 다양한 투자에 대한 효과성을 판단하는 도구로 보았다. 이것의 대가는 개인과 정부, 그리고 기업에 돌아가는 사회적 자본(Social Capital)의 성격을 갖기 때문이다(Field, 2003).

경제학자들은 교육을 하나의 투자로 보았다. 지식과 기술의 발달에 따른 경제적 이익이 다르기 때문이다. Schultz(1981)는 인적자본의 경제적 가치에 대하여 인적자본에 대한 투자는 투입되는 물리적인 투자보다 회수되는 비율이 더 높다고 하였다. 즉, 노동 시장에서 개인의 수입이 졸업장이나 훈련에 기인하는 인적자본의 수준에 따라 크게 좌우되기 때문에 인적자본에 투자를 하는 것이라고 본다. 이러한 사례가 미국에서 나타났는데, 1970년대와 1980년대에 남성노동자의 수입이 학력에 따른 매우 크게 나타났다(Levy & Murnane, 1992).

인적자본이론은 경제적 결과에 대한 인적자본의 효과를 예견하는 이론에 근거한다. 비록 개인의 수입이 다양한 기술수준을 가진 노동자들의 다양한 요인을 위해 변하지만 인적자본투자 역시 수입의 종속변수가 된다. 인적자본 투자수준이 낮을수록 인적자본의 수준이 낮게 된다. Mincer(1974)는 1960년대 종단연구 데이터를 이용하여 인적자본 모델이 교육, 경험, 그리고 수입의 유형을 설명했다. 인적자본의 투자는 미래의 경제적 사회적 생산성을 증가하게 된다(Morgan & Duncan, 1982). 이것은 마치 물리적인 투자가 미래에 더 큰 생산성으로 보답을 하게 되는 것을 말한다. 학부모들이 자녀에게 투자차원에서 사교육을 시키게 되는 이유이다.

인적자본이론의 핵심은 인간이 습득하는 '학습'과 '기술' 등 바람직한 인간능력을 토지나 자본과 동일하게 경제학적 요인으로 취급될 수 있다는 사상에서 기인한다. 이때 교육은 인간자본을 형성하는 핵심 역량 향상에 영향을 준다. 학습과 기술의 궁극적인 최선의 기제는 교육이기 때문이다.

2. 노동시장가설

노동시장가설은 인적자본이론에 대해 이견을 제기하였다.

노동시장가설은 교육-생산성-소득 사이의 인과관계를 부정한다. 즉, 교육을 더 많이 받은 사람이 고소득인 이유는 개인의 생산성 때문이 아니라 고용주들이 교육을 노동자들이 가진 능력의 차이를 식별하기 위한 도구로 사용했기 때문이라는 주장이다(Layard & Psacharopoulos, 1974). 물건의 질을 확인하는 것을 선별이라고 부르고 이러한 질적 측면에 따라 개인 혹은 제품을 분류하는 도구를 선별도구라고 하였다. 그는 개인이 보다 생산적인 특성을 구비한 것으로 분류되면 그 분류결과 자체로 상대적인 소득의 증대를 가져올 수 있기 때문에 선별이 동원되는 정보가 소득분배에 영향을 미칠 수 있음을 지적하였다(공은배, 1985).

교육은 노동 생산성 향상보다는 노동시장에서 노동자의 잠재적 생산성의 수준을 알려주는 도구 역할이 더 중요하다는 의미이다. Arrow(1973)는 개인의 생산 능력이 교육에 의해 전적으로 영향을 받는 것이 아니라 고용주에게 노동자에 대한 교육 이외의 정보를 통해 노동자의 임금을 결정하는 기초가 된다고 보았다.

노동시장가설 중 선별가설에 의하면 개인의 교육수준은 노동시장에서 고용주들이 노동자들의 능력을 구별하고 판단하는 기준이 되기 때문에, 교육은 능력 있는 노동자를 구분해내는 필터 역할을 한다. 따라서 사교육은 학생의 교육 수준의 차이를 가져오고 잠재적으로 생산성이 높은 사람을 골라내는데 필요한 정보를 제공해주는 학벌 위주의 고용관행과 나아가 학력위주의 인간 평가관을 형성하게 되는 것이다(김영철 외, 2001).

노동시장가설 중 이중노동시장가설에 의하면 노동시장은 일차시장과 이차시장으로 이원화(dual)되어 있다. 이 가설에 의하면, 개인의 교육수준이나 기술수준 정도에 의해서 어느 시장에 속하게 될 것인지 결정하게 된다. 즉, 사교육은 학생의 교육수준을 변화시켜서 일차시장과 이차시장의 대체 개념이라고 할 수 있는 서열화 된 대학으로의 진학에 영향을 준다.

급진론적 접근법에 의하면 자본주의 사회에서 교육은 자본주의적 질서를 재생산하는 역할을 한다. 따라서 높은 교육을 받은 개인이 높은 임금을 받는 이유는 단순히 높은 생산성으로 위해서가 아니라, 교육이 계급에 기초를 둔 권력구조의 수용태도를 배양하기 때문이라고 본다. 이런 이유로 사교육은 교육 불평등을 고착화시키고 정당화시키는 수단으로 이용된다(이준구, 1993). 소득 수준이 높은 가정의 학생이 사교육을 많이 받아 빈곤한 가정의 학생보다 좋은 대학에 진학하여 높은 소득을 받게 되면 결국 계급을 재생산하게 된다는 입장이다.

Dore(1976)는 '자격증 증후군'이라는 현상을 주목하고 있다. 개발도상국가에서 나타나는 '후진 발전 효과'가 사교육 현상을 설명하고 있다고 하였다. '후진 발전 효과'란 국가의 현대화가 늦을수록 직업을 선택하는데 있어서 자격증이 보편화된다는 것을 의미한다. 현대의 위계적 구조에서는 학위에 의해 상징되는 내재된 기술 여부에 상관없이 고용을 위해 우선 필요한 것이 학위가 이용된다. 20년이 지난 뒤 중국, 스리랑카, 이집트에서 교육의 성장이 직업의 성장을 추월한 사회경제적 상황이 되자 자격증 상승 현상이 나타났다. 이러한 국가에서는 시험에 합격하는 것이 사회에 더 나은 교육과 진출을 위한 출구가 되는 사회적 분위기를 가지고 있기 때문에 사교육은 주류교육을 보완하기 위해서 매우 유행하게 되었다.

Eleanore(2007)는 이집트에서 졸업장을 따기 위하여 많은 교육적 부작용이 속출하고 있음을 지적하였다. 이러한 현상은 상위대학을 진학하여 궁극적으로 좋은 직장을 얻기 위해 사교육에 매진하는 우리나라 교육 현상과 매우 유사하다고 볼 수 있다. 능력이 아닌 졸업장이 개인의 능력을 대신하는 우리사회의 풍토 때문에 학부모는 자녀의 능력과 경험을 우선하지 않고 수단과 방법을 가리지 않고 상위 대학을 진학하고자 하는 풍토로 이어지고 있다.

더구나 이러한 증거로 오늘날 세계적으로 중등교육과 비교하여 고등교육이 더 증가하는 현실을 보여주고 있다. 고등교육과 중등교육 사이의 차이는 OECD(2011 : b) 국가에서 0.3%인데 비해 아시아 및 라틴아메리카에서 2.5% 그리고 유럽국가에서 5.2%를 보인다(Psacharopoulos & Patrinos, 2004). 개발도상국들은 아직 고등교육체계가 약하고 부적절한 상황인데 이러한 교육의 차이는 학생과 부모들의 상급학교 진학 및 취직을 위한 고도의 경쟁을 의미한다. 이러한 고도의 경쟁에서 사교육은 중요한 도구로서 사용된다. 학생들은 사교육을 포함하는 모든 수단을 사용하게 되기 때문에 부모들은 자녀의 미래를 위해 사교육에 투자하게 된다.

사교육 환경 이론

사교육 환경 이론에는 아버지의 직업과 교육수준, 그리고 본인의 교육수준이 직업적 성공에 큰 영향을 주게 된다는 '지위획득' 이론이 있다. 또한 구성원을 둘러싸고 있는 사회적 상호작용을 통해 획득된다는 사회적자본이론 그리고 유교문화권에서 사교육이 성행하는 것과 같이 문화가 중요한 영향을 미친다는 '문화적자본' 이론이 있다. 부모의 가정환경이든 사회적 여건이든 또한 환경문화이든 사교육 현상을 환경의 요인으로 설명하는 이론이 바로 사교육 환경 이론이다.

1. 지위획득 모형

지위획득 모형이란 아버지의 직업과 교육수준, 그리고 본인의 교육수준이 직업적 성공에 큰 영향을 준다는 모형이다(Blau & Duncan, 1967). 모든 사회에는 다양한 계급이 존재한다. 그 계급을 가장 쉽게 측정할 수 있는 것이 바로 직업이다. 지위획득이론은 부모의 직업지위와 자녀의 직업지위를 계량화하여 그 관계를 파악함으로써 사회이동을 고찰하는 것으로 기존의 이론은 부모의 직업지위가 자녀의 직업지위에 어떻게 전수되는가에 대하여 분석하여 다양한 요인 중, 교육이 가장 중요한 요인임을 밝히고 있다(Blau & Duncan 1967; Treiman, 1977).

지위획득과 관련하여 가장 중요한 인적자본 변수는 '학력'이다. 현재 한국사회는 교육에 대한 많은 투자로 인하여, 고학력 사회로 접어들었다. 교육기회가 지속적으로 확대되어 고등학교 졸업생 100명당 80명 이상이 대학교에 진학하고 있음에도 불구하고, 교육에서의 불평등은 여전히 존재한다. 한국사회에서 양적 측면의 교육기회 불평등은 크게 완화되었으나 질적 측면의 불평등은 지속되고 있다. 교육은 부모의 사회계급에 일정하게 영향을 받으면서 획득되는 성취지위이기도 하면서 동시에 일단 획득된 학력은 새로운 신분으로서 이후 노동시장에서 직업 불평등과 소득 불평등을 야기하는 원인이 되기도 한다(장상수, 2001; 방하남·김기헌, 2002; 남춘호, 2003). 특히, 한국사회에서 직업 불평등이나 소득 불평등은 단지 학력에 의한 것이 아니라 대학서열에 의해 결정되기 때문에 더 나은 지위를 차지하기 위하여 사교육을 통해 특목고 혹은 인류대학을 들어가기 위하여 노력을 기울이는 것이다.

최근 국내의 연구에서 업적주의 사회에 따른 세대 간 사회이동의 가능성에 의문을 제기하며 가정배경에 따른 부의 대물림, 학력의 대물림이 조명되고 있다(김해동, 2001; 황덕순, 2001; 방하남·김기헌, 2002; 조우현, 2004; 김경근, 2005; 김희삼·이삼호, 2007; 여유진, 2008; 임창규, 2009). 이러한 연구들은 한국 사회에서 전통적으로 계층 간 간극을 메우고 사회이동을 가능케 하는 가장 효과적인 수단으로 인식되어 왔던 교육이 이제는 계층고착화 또는 양극화의 핵심요인으로 여겨지고 있음을 보여주고 있다(김경근, 2005).

위스콘신모형은 '지위획득모형'에서 사용한 아버지의 직업과 교육수준, 그리고 본인의 교육수준과 같은 변수들에 '교육과 직업 획득에 영향을 미치는 사회심리학적 요인들'을 추가로 도입한 것이다. Sewell & Robert(1993)는 미국 위스콘신 주 고등학생들의 직업·교육적 포부수준을 조사한 후, 7년 후인 1964년의 직업·교육 수준에 대하여 조사하였다. 분석 결과, 직업적 포부수준은 첫 직업을 얻는 데 통계적으로 유의미한 영향을 미쳤다. 또한 교육적 포부 수준은 실제 교육 수준에 영향을 주었다. 이

연구결과는 확률적 선택(probabilistic choice) 이론에 의해 좀 더 지지를 받을 수 있다.

류한구 등(2004)이 학생의 가족 배경과 개인의 특성이 수학 학업성취 효과에 영향을 미치는 영향을 조사한 결과, 학생의 포부 수준, 가정의 사회·경제·문화적 자원(사회·경제적 수준, 부모 자녀 간 상호 작용과 부모의 자녀에 대한 교육적 지원)에 유의미한 관련이 있다. 그 중 교육 포부 수준이 한 학교급 높아질 경우, 수학 학업 성취도가 5.46점 높아지는 것으로 나타났다.

최근 국내外 연구에서 가족 및 친구 사회 속의 관계가 지위획득에 미치는 것으로 나타났다(장지현, 2006; 최준호, 2007; 김수혜·김경근, 2010; Behtoui & Neergaard, 2012; Son & Lin, 2012). 고용과 지위획득을 설명하는 기타의 요인들로는 중·고등시절의 사교육, 취업사교육, 해외 연수, 직업훈련, 직무일치도, 진로체험 등과 같은 요인의 영향력이 규명되기도 하였다(황여정·백병부, 2008; 김정숙, 2009; 박가열·천영민, 2009; 김수혜·김경근, 2010; 이자형·이기혜, 2011).

2. 사회적 자본(Social Capital)

사회적 자본은 집단 구성원을 둘러싸고 있는 사회적 상호

작용을 통해 획득된다. 사회적 자본은 '상호적인 습득이나 인식의 다소 제도화된 관계의 지속성 있는 네트워크로 구성되어 있어서 실제적이고 잠재력 있는 자원을 모으는 것'으로 규정된다(Bourdieu, 1986 : 248). 경계가 분명한 화폐와 달리 사회적 자본은 그것이 활용되기 전까지는 추상적이라 경계가 불분명하다. 예를 들어 미국에서 사립학교는 공립학교에 비해 사회적 자본이 높다(Braun, Jenkin & Grigg, 2006). 카톨릭 공동체에서 학교는 교회 안에서 구성원 간에 매우 밀접한 관계가 있다. 이것을 사회적 자본(social capital)이라고 할 수 있다. 이러한 네트워크는 학생과 학부모가 문제를 해결할 수 있도록 지원하며 특히 학업을 지원한다. 이러한 사회적 지원을 통해 교육적 이익을 얻게 된다.

전통적 지위획득모형에 사회적 자본이라는 개념이 도입되기 시작하면서 계급과 인적 자본에 국한되어 있던 지위획득에 사회적 자본이 어떠한 영향을 미치는가를 알아보려는 관심이 증가하였다. 연구에 따르면, 사회적 자본이 지위 획득을 통해 교육에 긍정적 역할을 하는 것으로 나타났다(Coleman, 1988; Valenzuela & Dornbusch, 1994; Stanton-Salazar & Dornbush, 1995; Hagan, Macmillan & Wheaton, 1996; Lin, 2001). 보다 많은 사회적 자원(social resource)을 소유하고 있고, 관계를 맺고 있는 사람들의 지위가 높다. 뿐만 아니라 연대의 강도가 높은 사람들은 지위획득에서 상대적으로 유리한 위치를 차지하는 것으로 나타났다(Lin, 2001).

　　사회적 자본(social capital)의 네 가지 핵심은 연결망의 크기, 연결망의 강도, 연결망에서의 위치, 자신과 관계된 개인이 소유한 자본의 규모로 나타났다. 사회적 자본의 규모는 자신이 동원할 수 있는 연결망의 크기와 자신과 관계된 개인이 소유한 자본의 양에 의해 다르게 나타난다(Bourdieu, 1986). 연결망의 강도와 연결망에서의 위치는 어떻게 보면 같은 결과를 가져올 수도 있지만, 연결망의 강도는 다른 사람들과의 관계에서의 친밀감의 정도를, 연결망에서의 위치는 연결망에서 어떠한 지위에 있느냐를 의미한다.

　　사회적 자본은 개방적 연결망에서의 정보 전달 효과와 폐쇄적 연결망에서의 통제 효과라는 두 가지 기능을 가진다. 취업에서 정보전달의 중요성이 '연줄의 힘'(strength of weak tie)의 위력을 설명하고 있으며(Granovetter, 1973; Burt, 1992) '구조내에 위치'(structural holes)로 설명되는 반면 폐쇄적 연결망은 외부에 대해 '통제(control)'로 설명된다(Coleman, 1988; Portes, 1998)

　　취업을 위해서는 정보가 매우 중요하다. 그렇기 때문에 취업 관련 정보를 획득하기 위해서는 그 정보를 가지고 있는 사람을 알고 있는지가 매우 중요하다. Granovetter(1973)는 연줄을 통해 취업에 필요한 중요한 정보를 얻어, 취업 과정에 도움이 된다

한국 사교육, 현실과 대안

는 것을 증명하였다. 또한 Burt(1992, 2005)는 집단과 집단을 연결하는 구조적 내에 위치에 있는 개인이 다양한 정보를 보다 효과적으로 얻을 수 있다고 보았다.

Lin(2001)도 사회구조 속에 자리하고 있는 자원(embedded resources)에 접근하기 위한 가교(bridge) 역할의 중요성을 강조하고 있다. 또한 그가 언급하고 있는 도구적 행동(instrumental actions)과 표출적 행동(expressive actions)중에서 도구적 행동에 초점을 맞추어 설명하고 있다(Lin, 1999). 직업 포부는 현재 자신이 소유한 자원을 유지하기 위한 행동이라기보다는, 현재 자신이 소유하지 않은 자원을 얻기 위한 행동에 더 가깝다고 할 수 있기 때문이다.

취업을 원하는 대학생들에게 직업 관련 중요 정보를 제공해 주고 사람을 아느냐는 매우 중요한 부분이다. 특히 높은 지위에 있는 사람을 알고 있을 경우는 더 큰 도움이 될 것이다. Lin & Dumin(1986)은 높은 지위의 사람이 낮은 지위의 사람보다 직업을 구하는 데 유리하다는 것을 입증하였다. 해당직업에 대한 정보는 직업 포부 수준에 있어서도 매우 중요할 요소가 되기도 한다. 그러므로 사회적 자본을 많이 소유한 대학생들은 그렇지 않은 대학생들보다 직업 포부 수준이 더 높게 마련이다. 사회적 자본에 대하여 부정적 측면을 주장하는 학자들도 있다(Portes, 1998). 사회자본은 구조적으로 내부에 있는 사람들에게는 유리하게 작용을 하지만 반면 외부인에 대해서는 매우 배타적이다. 또한 구성원에 대한 지나친 요구, 개인의 자유 제한, 그리고 하향 평준화하는 규범과 같은 부정적인 면을 내포하고 있다.

3. 문화적 자본(Cultural Capital)

Bray(1999b)는 사교육을 설명하면서 문화의 역할이라는 새로운 관점을 제시했다. 사교육이 개인과 가문의 성공을 위한 중요한 요소로서 노력과 훈련을 강조하는 문화에서만 유행하고 개인의 능력을 우선시하는 문화에서는 유행하지 않는다고 했다. 사교육은 특히 유교 문화권인 동아시아에서 더 유행해 왔다. 이러한 관점은 Rohlen(1983)이 일본의 고등학교 학생들을 대상으로 연구에서도 나타난다. 동양 문화권에서 나타나는 사교육 현상들은 문화적 관점에서 본다면 충분히 이해되는 면이 있기 때문에 부모 입장에서 볼 때 사교육은 단순히 하느냐 마느냐의 문제가 아니다. 한 개인이 지위획득을 위해서는 문화적 자본 역시 긍정적 역할을 하기 때문이다. 문화적 자본이 계급재생산에서 중요한 역할을 할 뿐 아니라(Bourdieu, 1984, 1986; 최샛별, 2002b) 문화적 자본을 소유하고 있을 경우 학업성취 효과가 높아지는 것으로 나타났다(DiMaggio, 1994; 장미혜, 2002).

중국, 한국, 베트남과 같은 유교 국가들은 수천 년 동안 시험에 바탕을 둔 최고권위의 관리채용시험에 의한 시험체계를 가지고 있다. 최고권위의 시험을 위한 교육은 낮은 사회경제 계층에서 신분상승의 사다리 같은 역할을 하게 된다. 더구나 유교는 '진정한 사람'은 학식 있는 사람이라는 인식이 강하다. 그러므로 실제적인 것을 배우는 것보다 학문적인 지식을 습득하는 것이 중요하다고 생각한다. 최고권위의 시험에서 인생에서 철학적 관점과 경제적 성공은 제대로 교육받은 사람이 이상적이라는 정형적인 모습을 문화적으로 의미한다.

이러한 문화적 특성에서 부모들은 자녀를 위하여 사교육뿐 아니라 성공을 위해 자신이 할 수 있는 모든 수단을 동원한다(Park & Weidman, 2000). 한국, 타이완 등에 나타나는 이러한 현상(Wu, 2004, p.19)은 일부 국가에서 전형적인 '시험지옥'을 만들고 있다. 이 표현은 아시아 국가에서 만연된 입학시험과 관련된 냉혹한 경쟁과 고통으로 묘사되는 표현으로 학부모와 학생은 진학을 위한 일종의 전쟁에서 심각한 두려움으로 인한 도구의 하나로 사교육이 사용되는 것이다.

Bourdieu(1986)는 다양한 사회계급의 아동들에게 있어서 불평등한 학력 성취도를 학업을 통한 성공을 관련성을 연구하는 도중 문화적 자본이 영향을 주고 있음을 발견하였다. 문화적 자본을 통해 현대사회에서 지배 구조 혹은 계급 구조가 유지되고 재생산되고 있다고 주장하였다. 학교 교육의 성취도는 문화적 자본에 기초하여 나타나고 있다. DiMaggio(1994)는 Bourdieu의 견해에 동의했다. 그는 문화적 자본을 소유한 학생들은 학교의 행동규칙에 잘 적응하며, 교사들과 의사소통이 잘 이루어져 우호적인 평가를 받을 가능성이 높다고 했다.

우리 한국사회에서도 문화적 자본이 계급의 재생산에 큰 역할을 하고 있다(최샛별, 2002b; 장미혜, 2001). 문화적 자본은 상류계급 여성과 그렇지 않은 집단을 구분 짓는 역할을 하고 있으며, 결혼을 통해 경제적인 위치를 재생산함으로써 상류계급의 문화적 자본을 전수하고 계급적 경계를 공고히 하는 결과를 가져온다(최샛별, 2002a; 140-141). 또한 문화적 자본은 자녀의 학업성취 효과에도 긍정적인 영향을 주고 있다(장미혜, 2002; 장상수, 2008). 장미혜(2002)는 문화적 자본이 학교 내에서의 공식적인 교육과정에 영향을 줄 뿐 아니라 가정에서 사회화 과정을 통해 교육적인 성취에 영향을 줌으로써 부모의 문화적 자본이 학생들의 학업성취 효과에 유의미한 영향을 미친다. 장상수(2008)도 문화적 소유물, 가정의 교육자원, 문화적 소통 등으로 구성된 부모의 문화적 자본은 자녀의 학업성적에 긍정적인 영향을 미친다고 하였다.

한국 사교육, 현실과 대안

현대사회에서 계급 재생산은 문화적 자본과 같은 형태로 은폐되어 이루어지고 있다. 문화적 자본은 상류계급이 자신들의 기득권을 유지하고 재생산을 위한 수단이 되기도 한다. 상류계급의 문화를 소유하고 있는 학생들은 교사와의 의사소통이 수월하여 학교생활에도 잘 적응하며 자신의 능력을 보다 더 잘 개발시켜 나간다는 것이다(DiMaggio, 1994; 장미혜, 2002). 그러므로 문화적 자본을 가지고 있는 상류계급의 자녀들은 자신들의 기대수준에서 다른 계급의 자녀들과는 차이가 나타날 것으로 보인다. 특목고 혹은 명문대학은 상류계급의 친구들을 접할 수 있는 기회로 작용한다. 그렇기 때문에 한국의 부모들은 무리한 비용을 들여서라도 사교육이라는 수단을 통해 문화적 자본에 접근하기 위한 노력을 기울이고 있는 것이다.

문화에 따라 교육을 바라보는 시각이 다르다. Jin Li (2012)는 동양과 서양 문화권에서 교육에 대한 관점이 다름을 주장하였다. 동아시아 유교 문화권이 미덕학습모형(Virtue Model)인 반면서구식 문화권을 정신학습모형(Mental Model)으로 설명된다. 특히 동아시아 유교권에서 보이는 미덕학습모형(Virtue Model)은 근면, 인내, 고난, 집중, 인간애 등을 강조하는 반면, 서구식 문화권에서 보이는 정신학습모형(Mental Process Model)은 적극적 학습, 사고(thinking), 개방적사고(open mind), 지능, 학습자의 정신적 과정을 강조하고 있다. 서양에서 교육은 학습하는 정신과정을 의미한다면 중국, 일본, 우리나라와 동아시아 국가에서 교육은 하나의 미덕으로 보기 때문에 이러한 문화가치는 사교육 증가에도 영향을 미치는 중요한 요인이 된다.

4장

사교육 발생이론과 부모주의

　　사교육 발생에 대한 이론은 동기 이론, 결과 이론, 그리고 환경 이론으로 정리될 수 있다. 사교육 발생에 대하여 '사교육비의 지출 동기'와 '사교육비 지출 이후의 결과' 중 어디에 비중을 두느냐에 따라 사교육 동기 이론, 사교육 결과 이론으로 구분되고, 사교육에 대한 사회적 문화적 환경의 영향의 중요성에 따라 사교육 환경 이론으로 분류된다. 그러나 우리나라의 경우 동아시아에 위치한 유교국가로서 갖는 독특한 부모주의 문화가 있다.

　　부모주의(parentocracy)란 유교주의 국가인 동아시아 국가에서 주로 나타나는 현상으로 Brown(1990)은 자녀의 교육에 미치는 부모의 영향력이라고 할 수 있다. 오욱환(2008)은 부모주의를 '경제적, 문화적, 사회적 자본에서 우위에 있는 부모들이 집요한 소원과 효율적 전략으로 자녀의 성적, 학력, 학벌에 결정적인 영향을 행사하려는 성향'이라고 하였다. 강창동(2007)은 우리나라 교육 현상을 신분욕망을 위한 편집증적 교육열이라고 비판하고 있다.

학벌주의가 높은 부모들은 교육을 통해 사회적 성취를 실현하기 때문에 공교육에 대한 기대가 클 수밖에 없다. 그러나 공교육의 현실은 이런 부모의 다양한 교육적 요구를 제대로 수용하지 못하고 있다(강인원·전성일, 2003). 대부분의 부모들은 공교육에 대한 불만족스러운 부분을 채우기 위해 사교육에 의지하려고 한다(나병현, 2002). 부모들이 사교육에 의지하는 바탕에는 학벌주의로 대변되는 우리사회의 교육풍토가 있다. '이웃집 아이보다 더 나은 자녀'로 키우기 원하는 부모들이 있는 한 사회에서 사교육에 대한 의존도는 더 커질 것이다.

이기석(2013)은 우리나라 사교육의 이면에는 부모의 교육열이 자리하고 있음을 지적하였다. 행동경제학적 관점에서 학부모의 교육인식과 학교교육열 행동을 분석한 결과, 이러한 행동은 가치의 문제가 아니라 제도와 환경의 영향에 따른 인지의 문제이기 때문에 이러한 특성을 이해·수용해야 할 뿐 아니라 오류를 교정·유도하는 방향으로 정책 대안을 모색해야 함을 제시하였다. 서근원(2008)도 우리나라 사교육 현상의 이면에는 부모의 교육열에 대하여 지적하였다. 그는 우리나라 각 시대에 따라 교육열이 사회현상을 변화시키는 주요한 동인이었음을 강조하

한국 사교육, 현실과 대안

였다.

　　부모가 사교육비를 지출하는 행동을 동기적 측면, 결과적 측면, 환경적 측면에서 조명해 볼 수 있다. 부모가 사교육비를 지출하는 행동을 부모들이 자녀에게 시키는 지출행위 뒤에 가려진 불안심리 때문이라고 보는 것이 동기이론이다. 반면, 사교육비 지출 후에 결과가 향상된다는 것이 인적자본이론(Human Capital Theory)과 노동시장가설이다. 학생이 사교육을 받게 되면 성적이 향상되어 좋은 대학을 들어가고 결과적으로 좋은 직장과 높은 소득으로 이어지게 된다. 아버지의 직업과 교육수준, 그리고 본인의 교육수준이 직업적 성공에 큰 영향을 주게 된다는 지위획득 이론이 바로 환경이론이다. 또한 사회적 상호작용을 통해 획득된다는 사회적자본이론과 유교문화권의 영향 등 문화가 중요한 영향을 미친다는 문화적자본 이론이 있다.

2부

●

사교육의
학업성취
효과에
영향을 주는
요인

1장

사교육비 변인

　사교육과 학업성취 관련 선행연구는 과외금지가 위헌판결이 났던 2000년 이후에 출간된 연구물을 살펴보았다. 학술지에 발표된 논문과 KDI, KEDI 등 정부출현 연구기관에서 수행한 보고서, 그리고 박사학위 연구 등 연구물을 살펴본 결과, 사교육비가 학업성취 효과에 긍정적 영향을 미친다는 연구는 매우 적다([표 1] 참조). 오히려 학생들의 학업성취는 가족 배경(부모의 소득, 학력, 그리고 직업)에 의해 크게 영향을 받는 것으로 나타났다. 성적차이의 요인을 살펴본 결과, 중소득층과 저소득층과 평균 성적차이의 17.5%는 사교육비의 차이, 38.4%는 가족환경의 차이에 기인하고, 고소득층과 저소득층과의 평균성적차이의 32.9%는 사교육비의 차이, 45.0%가 가족환경의 차이에 기인하고, 고소득층과 중소득층과의 평균 성적차이의 9.4%는 사교육비의 차이, 65.3%는 가족환경의 차이에 기인하는 것으로 나타났다. 개인배경과 교수학습변수를 통제한 후에도 영어와 수학 모두 사교육비 총액이 많을수록 성적이 높게 나타났다 (이수정·임현정, 2009). 그리고 김민성·김민희(2010)는 고등학생의 사교육비 지출이 내신성적 등급에 미치는 영향을 알아본 결과, 월 사교육비로 24만원을 지출하는 평균적 학생의 내신성적이 3등급 이상일 확률은 36.8%이지만, 사교육비를 전혀 지출하지 않았을 경우에는 그 확률이 25.5%로 낮아진다는 것이다. 강창희·이삼호(2010)의 연구는 사교육비의 효과가 과목마다 다르게 나타나고 있음을 보여주고 있다. 10% 높은 사교육비 지출은 국어 성적을 약 0.10~3.11%, 영어성적을 약 0.08~1.26%, 수학 성적을 약 0.17~1.43%, 그리고 세 과목 전체의 평균성적을 약 0.08~1.10% 정도 향상시킨다고 보고하였다. 강창희(2012)는 중학교 3학년 학생을 대상으로 내생성을 통제한 후 사교육비 지출이 성적 향상효과에 미치는 영향을 알아본 결과, 부모 수입이 10% 상승 시 국어성적은 약 1.24%, 영어성적은 약 1.28% 성적이 향상 된 것으로 나타나 국어와 영어의 경우 사교육 효과가 있음을 알 수 있다. 박순홍, 한기순(2013)은 사교육 참여학생이 비참여학생보다 수학점수가 높았는데 이때 수학 학업성취 효과에 영향을 미친 것이 바로 사교육비임을 밝히고 있다.

한국 사교육, 현실과 대안

반면, 사교육비의 학업향상의 효과와 없다는 주장도 있다. Kang(2005)은 의하면 월과외비가 학업성적 향상에 미치는 영향을 분석한 결과 학생의 과외비 지출과 학업성적 간의 인과관계가 크지 않게 나타났다. 과외비 10% 증가할 때 학업성적이 0.6백분위(percentile)정도 향상되는 것으로 추정되었다. 이수정(2007)은 중고등학교 학생의 내신성적과 사교육비 간의 관계를 분석한 결과, 통계적으로 유의한 관련이 없고 학생의 경쟁적인 교육열이나 소수 명문대중심의 대학입학과 같은 심리적 요인이 사교육 수요 결정에 보다 더 관련이 있음을 밝히었다.

사교육의 효과는 사교육비 지출 시기에 따라 영향을 받는다. 김기헌(2007)은 초등학교 4학년, 중학교 2학년, 고등학교 1학년의 학업성적에 대한 사교육의 영향을 분석한 결과, 사교육 여부 및 지출액은 초등학교와 중학교 때까지는 성적에 긍정적인 영향을 주지만, 고등학교 때 성적에는 영향을 주지 못한다고 하였다. 또한 사교육비는 전문고 대신 특목고나 자사고에 진학하는데 긍정적인 영향을 미치는 것으로 나타났다. 또한 가정의 사회경제적 지위가 높아짐에 따라 사교육비 수준은 높아지지만, 자녀의 학업성취에 미치는 사교육비의 효과는 미미한 것으로 나타났다(김은정, 2007).

[표 1] 사교육비와 학업성취 효과관련 선행연구

연구자 (년도)	조사자료 (대상학교급 및 학년)	사교육 효과	분석방법
김은정 (2007)	'한국 청소년 패널조사' 2차년도 자료 (중3학년 3,449명)	가정의 사회경제적 지위가 높아짐에 따라 사교육비 수준은 높아지지만, 자녀의 학업성취에 미치는 사교육비 의 효과는 미미한 것으로 나타남.	구조 방정식
Kang (2005)	중·고등학 생한국고육 고용패널 자료	학생의 과외비 지출과 학업성적간의 인과관계가 크지 않음. 과외비 10% 증가할 때 학업성적이 0.6백분위 (percentile)정도 향상되는 것으로 추정 됨. 평균성적의 학생에 대해 평가한 탄력성에 의하면 10%의 과외비 증가 에 약 1.4% 학업성적이 향상되는 나 타남(내생성 추정).	다중 회귀분석 (OLS)
이은우 (2006)	한국 청소년 패널 2차년도 자료 (중3학년)	성적차이의 요인을 분해를 할 경우 고소득층과저소득층과의 평균성적 차이의 32.9%는 사교육비의 차이, 45.0%가 가족환경의 차이에 기인하 고, 고소득층과 중소득층과의 평균성 적차이의 9.4%는 사교육비의 차이, 65.3%는 가족환경의 차이에 기인하 는 것으로 분석.	순서 프로빗 (ordered probit) 모형

이수정 (2007)	한국교육 고용패널 (KEEP) 1차년 도 자료	내신성적과 사교육비 간의 관계를 분석한 결과, 통계적으로 유의한 관련이 없음. 즉, 사교육 참여의 원인이 공교육의 질이나 학교성적과 같은 문제에 관련되어 있기 보다는, 한국 사회의 사회·문화적 특성과 관련된 독특한 사회심리적 요인인 '명문대 중심 대입관'에 보다 더 관련 있음을 주장함.	위계적선 형모형 (HLM)
이찬영 (2008)	고등학교 3학년	비실험 연구 상황에서 고3학생의 사교육비 투자(D)가 학생의 수학능력점수(Y)에 긍정적인 영향을 미치는가를 분석한 결과, 고3 1년간의 사교육투자는 수학능력점수를 다소 향상시키나 대학진학에는 통계적으로 유의한 영향을 미치지 않는 것으로 나타남.	경향점수 매칭
이수정 임현정 (2009)	한국교육종 단연구 자료 (중학교 3년 동안 자료)	중학교 3년 동안의 수학 및 영어 사교육비 총액과 성적간의 관례를 분석한 결과, 개인배경과 교수학습변수를 통제한 후에도 사교육비 총액이 많을수록 성적이 높게 나타남.	중다회귀 분석 (multiple regression)
강창희 이삼호 (2010)	한국교육종 단연구 자료	사교육비의 효과를 분석한 결과, 사교육을 통해 국어, 영어, 수학의 평균 성적을 약 0.08~ 1.10% 향상하는 것으로 나타남.	고정효과 패널분석 방법

김민성 김민희 (2010)	한국교육 고용패널 자료 (고등학생)	고등학생의 사교육비 지출이 내신성적 등급에 미치는 긍정적인 영향을 보고하였는데, 월 사교육비로 24만원을 지출하는 평균적 학생의 내신성적이 3등급 이상일 확률은 36.8%이지만, 사교육비를 전혀 지출하지 않았을 경우에는 그 확률이 25.5%로 낮아지는 것으로 나타남.	순위로짓 모형
이광현 권용재 (2011)	한국교육 개발원교육 종단자료	사교육비가 학업성취 효과에 미치는 효과를 분석한 결과, 사교육비와 사교육 시간변수는 학업성취 효과에 일정정도 긍정 효과를 보이는 것으로 나타났으나 계수의 크기가 매우 작게 나타나 상대적으로 효과의 크기는 작은 것으로 나타남.	분위회귀 분석

2장

사교육 시간 변인

우리나라 학생들이 사교육에 참여하는 시간은 초등학교 6.9시간, 중학교 6.5시간, 그리고 고등학교 3.8시간으로 고등학생보다는 초·중학생이 사교육에 더 많은 시간을 할애하고 있다 (통계청, 2013).

남기곤(2008)에 의하면 2003년 PISA 자료를 분석한 결과 한국학생들이 OECD 국가 가운데 사교육 시간이 가장 길게 나타났다. 사교육 시간이 학업성적이 미치는 효과에 있어서는 한국 등 소수 국가에서만 플러스 효과가 나타났으며 특히 우리나라가 가장 효과가 크게 나타났다. 김미란(2005)은 교육 생산함수의 추정을 통해 학업성취 효과에 영향을 미치는 요인들을 분석한 결과, 사교육 시간이 길수록 학업성취 효과가 높아진다고 주장하였다. 김진영·오준범(2015)에 의하면 사교육은 주로 학습

시간을 늘림으로써 성적 상승에 기여하였다. 그런데 이관현·권용재(2011)는 사교육 시간이 효과가 있기는 하지만 하한점과 상한점이 있다고 하였다. 즉, 분위별로 한계효과는 하위분위는 4.9시간 그리고 상위분위는 2시간대가 정점이며 그 이상의 사교육 시간의 투자는 효율적이지 못하다고 하였다.

반면, 조혜영·이경상(2005)는 중학교 2학년을 대상의 연구에서 사교육 참여시간이 학업성적향상에 효과가 거의 없다고 인식하고 있음을 밝히었다. 황매향(2008)은 한국청소년패널 1·3차년도 자료에서 중·고등학생을 대상으로 한 연구에서 사교육 수강시간과 학교성적의 상관분석 효과가 상관계수 .12이하로 낮게 나타났음을 밝혔다. 정윤경 외(2010)는 사교육 시간과 교과별 학습동기 및 인지·행동전략으로 이루어진 학습전략 사용과의 구조적 관계를 파악한 결과, 사교육 시간이 학습동기와 학습전략의 사용에 도움을 준다는 근거는 찾을 수 없었으며, 학업성취 효과에 대한 예측력 역시 부재하거나 약한 수준인 것으로 나타났다.

[표 2] 사교육 시간과 학업성취 효과관련 선행연구

연구자 (년도)	조사자료 (대상학교급 및 학년)	사교육 효과	분석방법
조혜영 이경상 (2005)	한국청소년 패널조사 (중학교 2학년)	사교육 참여시간에 대해서는 학업성적향상효과가 거의 없는 것으로 인식하고 있는 것으로 나타남.	ANOVA 회귀분석
김미란 (2005)	한국교육 고용패널 조사	사교육 시간이 길수록 학업성취도가 높았음.	다중회귀 분석
황매향 (2008)	한국청소년 패널 1·3차년 도 자료 (중·고등학생)	사교육 수강시간과 학교성적 향상효과는 상관계수 .12이하로 낮게 나타남. 실제 학업성취도와 사교육은 학교수업이나 개인공부에 비해 낮은 상관관계가 나타남.	상관분석
김태균 (2008)	한국청소년 패널데이터 자료(1~4차) (중학교 2학년)	부모의 사회경제적 지위가 사교육 시간에 정적인 영향을 미치는 것으로 나타났고, 사교육 시간이 학업성적에 부적인 영향을 미치는 것으로 나타남.	잠재성장 모형
남기곤 (2008)	PISA 2003자료	2003년 PISA 자료에서 한국학생들이 OECD 국가가운데 사교육 시간이 가장 긴 것으로 나타남. 사교육이 학업성적이 미치는 효과에 대해 한국 등 소수 국가에서만 나타났고 그중에서 우리나라가 가장 효과가 큰 것으로 나타남.	토빗모델

정윤경, 이민혜, 우연경, 봉미미, 김성일 (2010)	한국교육종 단연구(2005) 의 1·2차년 도 자료	사교육 시간이 학습동기와 학습전략 의 사용에 도움을 준다는 근거는 찾을 수 없었으며, 학업성취 효과에 대한 예측력 역시 부재하거나 약한 수준인 것으로 나타남.	구조방정 식모형
이광현, 권용재 (2011)	한국교육 개발원교육 종단 자료	사교육 시간변수는 학업성취 효과에 일정정도 긍정 효과를 보이는 것으로 나타났으나 계수의 크기가 매우 작게 나타나 상대적으로 효과의 크기는 작 은 것으로 나타남.	분위회귀 분석

한국 사교육, 현실과 대안

사교육 시기 변인

학교급에 따라 학업성취 효과의 연구에 의하면 사교육의 효과는 중학교급에서 주로 나타나며 고등학교 시기에는 효과가 낮게 나타났다([표 3] 참조). 김기헌(2007)은 사교육의 영향력은 초등학교 4학년부터 나타나고 있으며 중학교 2학년 때 가장 크며 분명하게 확인할 수 있었지만 고등학교 1학년이 되었을 때 감소하고 사교육 참여 여부를 독립변수로 투입했을 때 통계적으로 유의미하지 않은 결과가 나타났다고 하였다. 이러한 사실은 학업성적에 미치는 사교육 효과가 주로 고등학교 이전에 나타나고 있음을 시사한다.

특히, 중학교 시기에 사교육의 효과가 가장 높고 고등학교 시기는 그 효과가 낮아지는 경향을 보인다는 연구로는 이해명(2001), 반상진·정성석·양성관(2005), 박현정·상경아(2008),

Byun(2011)의 연구결과가 있다. 특히, 박현정·상경아(2008)는 중학교 시기에 사교육의 효과가 높지만 사교육을 지속적으로 2년 이상 한 집단에서 사교육의 효과가 높게 나타났다.

　사교육에 있어서 일정한 패턴이 있음을 밝히었다. 박현정(2011)은 사교육을 시키는 부모들의 패턴을 유형화하였는데, 사교육 시간 및 사교육 비용에 있어서 종단적 변화가 있음을 발견하였다. 즉, 고소득가구의 가정배경이 좋은 학생의 경우 영어나 수학과 같은 공통 전략과목에 대한 '선행학습'을 통해 초등학교와 중학교 시기에 조기 투자를 하고, 조기 투자로부터 얻은 우위를 바탕으로 대학 입시가 가까워지는 고등학교 시기에는 자기주도학습에 치중하는 전략을 취한다고 하였다. 김진영·오준범(2015)은 사교육이 학생의 학업평가에 미치는 영향을 분석한 결과, 수능점수 상승효과는 고3 사교육보다는 고1이나 고2때의 사교육이 더 크게 나타난다. 하지만 사교육의 성적 상승효과는 제한적이고 특히 학습시간 증가에 비해 매우 제한적으로 나타났다. 또한 사교육의 선택은 장기적으로 가장 효과 있는 시기에 효과 있는 과목을 선택하는 합리성을 보였다.

[표 3] 사교육 시기와 학업성취 효과관련 선행연구

연구자 (년도)	조사자료 (대상학교급 및 학년)	사교육 효과	분석방법
이해명 (2001)	지역별 중·고교 학생	사교육 여부가 3년간의 모의고사 점수 평균에 미치는 영향에 대해 중학생의 경우 미미하지만 과외가 지능, 노력, 사회 환경 다음으로 영향력이 있는 것으로 나타났고 고등학생에서는 과외가 학업성적에 영향을 주는지 발견되지 않음.	중다회귀 분석
반상진 정성석 양성관 (2005)	중· 고등학생 (청소년 패널자료)	과외경험이 학업성취 효과를 높여 주지만 일반계 고등학생으로 한정했을 때 과외의 효과가 없거나 오히려 과외가 학업성취 효과를 떨어뜨리는 것으로 나타남,	다중회귀 분석
김기헌 (2007)	한국청소년 패널자료 (초등4학년, 중2학년, 고등1학년)	사교육의 영향력은 초등학교 4학년부터 나타났으며 중학교 2학년 때 가장 크며 고등학교 1학년이 되었을 때 감소함. 사교육 효과가 주로 고등학교 이전에 나타나고 있음을 시사함.	OLS 회귀분석
Byun (2011)	통계청 사교육비 조사자료	사교육의 학업성취에 미치는 효과를 알아본 결과, 중학교 학생들의 수학 점수에서 학원에 수강하는 사교육 유형에서 학업성취 차이가 발견되었음.	경향점수 매칭

박현정 (2011)	한국교육 종단연구 1-5차년도 자료	중학교 1학년 때 수학성취도나 수학 수업에 대한 이해도가 높은 학생들이 중1 시점에서 사교육비도 더 많이 지 출하는 것으로 나타남. 또한, 중학교 시절의 사교육비 증가가고등학교 입 학 후 수학수업에 대한 이해도 역시 더 높은 것으로 나타남.	다변량 잠 재성장모형 (multivariate latent growth curve modeling)
김진영 (2012)	통계청 사교육비 조사	사교육은 학교급으로는 중학교, 성적 으로는 하위권 학생들에게 도움이 되 는 것으로 나타남. 방과후학교는 고등 학교, 성적으로는 중상위권 학생들에 게 긍정적인 성적 상승 및 유지에 효 과를 주는 것으로 나타남.	회귀분석
김진영 오준범 (2015)	한국교육 종단연구 1-8차년도 데이터	사교육은 장기적 효과를 갖는 것으로 나타남. 수능점수 상승효과는 고3사 교육보다는 고1이나 고2때의 사교육 이 더 크게 나타남. 또한 사교육 학습 시간과 성적 상승이 정적관계를 보임	OLS와 임의 효과 및 고 정효과 모 형

한국 사교육, 현실과 대안

교과목 변인

교과목에 따른 사교육의 학업성취 효과를 다르게 나타났다. 통계청(2015) 조사에 의하면 사교육 참여가 가장 높은 교과는 수학이고 사교육비가 가장 높은 교과는 영어이다. 따라서 교과 중 수학, 영어의 사교육에 의한 학업성취 효과에 대한 연구들이 대체로 높게 나타났다([표 4]참조).

국제비교연구에서 수학과 과학의 학업성취 효과가 보고된 바 있다. 김진영(2007)은 TIMSS 1995년 데이터(중학교1, 2학년)를 이용해 분석한 결과, 수학 교과의 경우 과외의 효과가 적지 않은 것으로 보고하였는데, 다른 여러 변수들을 통제하고도 수학 과외를 받은 학생들이 그렇지 않은 학생들에 비해 백분위 점수로 평균 9% 높은 곳에 위치하고 있다고 보고하였다. 사교육을 선택하는 개인적 수준에서 살펴보면 국가에 관계없이 부모의 높은 학력과 교육에 대한 관심이 사교육을 선택할 확률을 높게 하는 것으로 나타났으며 과외의 성적 향상 효과는 국가별로 큰 차이가 있는데 우리나라는 사교육 효과 세계에서 가장 큰 것으로 나타났다. 이러한 이유는 우리나라 사교육 유형이 수월형 사교육이기 때문으로 해석할 수 있다.

수학교과 사교육에 있어서 학업성취 효과에 대한 연구들이 가장 많이 보고되고 있다. 상경아·백순근(2005)이 서울의 고등학교 신입생들을 대상으로 수학의 사교육이 수학 학업성취 효과에 미치는 효과를 분석하였다. 과외 경험이 많은 집단일수록 수학 학업성취 효과가 높았고(지속적 과외>간헐적 과외>비과외), 이 결과는 일관되게 유지되었다. 또한, 성적 중간 집단 경우 비과외집단의 상경아(2006)는 과외 경험 정도에 따른 학생들의 수학 성취도 변화를 분석한 결과, 지속적과외 집단과 간헐적과외 집단에서는 시간에 따른 성취수준의 상대적 변화가 거의 없거나 소폭 상승했는데 반해, 비과외 집단에서는 시간이 경과함에 따라 성취도가 상대적으로 하락한 것으로 나타났다. 상경아(2009)는 고3시절 수학교과의 사교육 수강여부에 따라 수능수리영역 점수에 차이가 있는가를 경향점수매칭 분석한 결과, '수리(가)'에서는 두 집단 간 수능점수에 차이가 없는 것으로 나타난 반면, '수리(나)'에서는 두 집단 간 수능점수에 차이가 있으며, 사

한국 사교육, 현실과 대안

교육을 받은 집단이 그렇지 않은 집단보다 평균 점수가 높게 나타났다. 한수경 외(2015)는 수학표준점수 집단 간 사교육변인들을 분석한 한 결과에서는 수학점수가 높은 집단일수록 사교육에 더 많이 참여하고 사교육의 효과를 긍정적으로 인식하고 있었다. 사교육변인이 모두 수학표준점수에 긍정적인 영향력을 미치고 있었다. 가정의 사회·경제적 배경변인과 학생개인변인들도 모두 수학표준점수와 정적인 관계를 보였다.

수학, 영어 등 여러 교과를 동시에 분석한 연구도 있다. 교과마다 사교육의 학업성취 효과가 다르게 나타나고 있음을 보여주고 있다. 이정환(2002)은 과외여부에 따른 수학, 영어, 국어 학교성적을 분석한 결과, 과외가 이들 성적에 미치는 영향에 대한 연구결과는 사교육은 부분적으로 가족환경과 성적의 매개변수로 작용하여 나타나며, 성적에 대한 과외의 효과는 영어에서 나타났다. 오영수·윤정식(2003)은 대구 일반계 고등학교 2학년에 학생을 대상으로 한 연구에서 과외는 영어성적에는 부정적인 영향을, 수학성적에는 긍정적 영향을 미친다고 보고하였다. 또한, 상위성적 집단에 대해서는 영어와 수학 교과에서 모두 과외가 성적에 별다른 영향을 주지 못하였고, 중간집단에서는 영어교과는 사교육이 부정적인 영향을 보였고, 수학교과는 긍정적인 영향을 보였다. 이명헌·김진영·송창용(2005)은 인문계 고등학교 학생들의 수학, 영어, 국어 교과에 대한 사교육 효과 연구에서 영어의 경우는 통계적으로 유의미하지 않은 반면 수학의 경우는 큰 성적향상 효과가 있는 것으로 나타났다. 김지하·김정은(2009)은 사교육이 학업성취 효과와 상위권대학 진학에 주는 효과를 분석한 결과, 국어 및 영어교과에 있어서는 사교육이 상위권대학 진학 및 수능백분위 성적에 유의미한 영향을 주지 못한 반면, 수학교과의 경우 사교육이 수능백분위 성적에 유의미한 정적의 영향을 주는 것으로 나타났다.

또한, 이정연(2011)에 의하면 국어 교과는 중1~3학년 모두 사교육 참여가 학업성취 향상에 영향을 주지 못했지만, 영어, 수학 교과 2학년 최상위집단세서는 사교육 참여가 학업성취에 긍정적 영향을 주는 것으로 나타났다. 김성연(2013)은 영어와 수학 교과의 사교육의 학성취도에 미치는 효과를 다른 요인을 통제하고 사교육의 학업성취 효과를 살펴본 결과 사교육 경험이나 교과에 상관없이 각 교과의 성취도에 정적으로 영향을 미치는 것으로 나타났다.

반면, 수학, 영어에 대하여 사교육 효과가 없다는 연구가 있다(한대동·성병창·길임주, 2001). 수능 모의고사에 응시한 고등학교 2학년 자연계 학생 대상으로 다른 인적 및 학교특성을 통제한 상태에서 수학 과외가 수리탐구1 성적(9월 성적)에 준 영향을 추정한 결과, 과외가 수능 모의고사 수리탐구1 성적에 영향을 주지 않는 것으로 나타났다.

신혜진(2017)은 수학과 영어 사교육비 모두 중학교 1학년 초기시점에 지출한 비용에 고등학교유형에 따른 차이가 있었으며, 특수목적고와 자율형사립고에 진학한 학생은 일반고에 진학한 학생보다 더 많은 사교육비를 지출하고 있는 것을 알 수 있었다. 아울러 모든 고교유형에서 고등학교 기간보다 중학교 기간 동안 연간 사교육비 지출이 더 증가한 것으로 이해되었으며 연간 지출 성장률도 일반고에 진학한 학생에 비하여 특수목적고와 자율형사립고에 진학한 학생이 높게 나타났다.

[표 4] 교과와 학업성취 효과관련 선행연구

연구자 (년도)	조사자료 (대상학교급 및 학년)	사교육 효과	분석방법
한대동 성병창 길임주 (2001)	수능모의고사 인문계 고등학 교 2학년 자연 계 학생	다른 인적 및 학교특성을 통제한 후 수학 과외가 수리탐구1성적(9월 성적)에 준 영향을 추정한 결과, 과외가 수능 모의고사 수리탐구1 성적을 설명해주지 못함. 학교간의 질적 차이로 인한 효과가 더 크게 나타남.	중다회귀 분석

이명헌 김진영 (2005)	청소년 패널자료 (중·고등학생)	영어, 국어와 달리 수학교과에서만 과외 효과가 긍정적인 효과가 나타남.	Treatment Effect 모형
상경아 백순근 (2005)	서울시 고등학생 (1학년)	수학 학업성취도는 수학 과외경험과 관련이 있음을 확인됨. 즉 과외 경험이 많은 집단일수록 학생들의 사전성취도가 높았으며 수학 과외를 받는 학생들이 수학 과외를 받지 않는 학생들에 비해 교과에 대한 태도가 더 긍정적이었음.	반복측정 다변량 분석 (MANOVA)
상경아 (2006)	서울 소재 A고등학교의 1학년능력 수준이 중위 60%에 해당하는 학생 209명	수학 과외 경험을 조사하고 학생들의 수학성취도를 4차례에 걸쳐 반복 측정하여 분석한 결과, 지속적 과외 집단과 간헐적 과외 집단에서는 시간에 따른 성취수준의 상대적 변화가 거의 없거나 소폭 상승했는데 반해, 비과외 집단에서는 시간이 경과함에 따라 성취도가 상대적으로 하락함.	2수준 다층모형
김진영 (2007)	TIMSS 1995년데이터 (중학교 1,2학년)	수학 교과의 경우 과외의 효과가 크게 나타남. 다른 여러 변수들을 통제하고 수학 과외를 받은 학생들이 그렇지 않은 학생들에 비해 평균 9%높은 곳에 위치하고 있음. 과외의 성적 향상 효과는 우리나라가 세계에서 가장 큰 것으로 나타남. 이러한 이유는 우리나라 사교육 유형이 수월형 사교육을 하기 때문으로 해석할 수 있음.	과외여부- Probit/ 과외시간, 자습시간, 총공부 시간- Tobit

박현정 상경아 (2008)	한국교육 종단연구 (KELS) 자료 분석 결과	사교육 참여경험이 많은 학생들이 수학성취도 평균이 더 높은 것으로 나타남. 또한, 학생들을 3년 동안 지속적 사교육집단의 성취도가 가장 높고, 간헐적 사교육집단이 그 다음이며, 비사교육집단의 성취도가 가장 낮은 것으로 나타남.	선형 성장 모형
김지하 김정은 (2009)	교육고용 패널자료 1, 2차 자료	사교육이 학업성취도와 상위권대학 진학에 주는 효과를 측정한 결과, 국어 및 영어교과에 있어서는 사교육이 상위권대학 진학 및 수능백분위 성적에 유의미한 영향을 주지 못한 반면, 수학교과의 경우 사교육이 수능백분위 성적에 유의미한 정적의 영향을 주는 것으로 나타남(내생성 추정).	경향점수 매칭
상경아 (2009)	한국교육고용 패널(KEEP) 자료를 이용해 고3시절 수학 교과	수학의 사교육 경험은 수능 수리영역 점수(수리(나))에 영향을 주는 것으로 나타남. 고3 수학 교과의 사교육 수강 여부에 따라 수능 수리영역 점수의 차이는 '수리(가)'에서는 차이가 없으나 '수리(나)'에서는 사교육을 받은 집단이 그렇지 않은 집단보다 평균 점수가 높게 나타남.	경향점수 매칭

박남수 박서홍 (2010)	한국교육개발원 2005~2007 교육종단자료 (중학생)	학생 개개인의 사전성취수준에 따라 영어성취도에 통계적으로 유의미한 효과가 나타남. 학교생활도, 자아개념은 사교육의 효과에 부적영향을 줌. 그러나 학생의 학업수준과 부모의 교육기대수준이 동시에 높아질 때에 사교육은 영어성취도에 정적인 효과를 나타남.	위계적 선영 성장 모형 (Hierarchic al Linear Growth Model)
김경식 이현철 (2011)	한국교육고용 패널(KEEP) 종단자료 대학수학능력 시험점수	수학과외를 참여하고 있는 학생들이 수학과외를 참여하지 않고 있는 학생들보다 학업성취에 있어 긍정적인 효과를 보이고 있었으며, 사교육 효과인식의 경우도 학생들의 사교육에 대한 효과성 인식이 수리영역의 등급향상에 도움을 주고 있음을 확인함	위계적 선형모형 (HLM)
이정연 (2011)	2005년 한국교육 종단연구자료 (중학교 1학년)	사교육 참여가 학업성취 향상에 효과가 있는지 분석한 결과, 국어 교과에서는 1~3학년 모두 사교육 참여가 학업성취 향상에 효과를 나타내지 못하였고 영어, 수학 교과에서도 2학년 최상위집단에서만 사교육 효과가 있는 것으로 나타났음.	경향점수매 칭

박현정 (2011)	한국교육 종단연구 1~5차년도 자료	중학교 1학년 때 수학성취도나 수학수업에 대한 이해도가 높은 학생들이 중1 시점에서 사교육비도 더 많이 지출하는 것으로 나타남. 또한, 중학교에서 사교육비 증가가 많았던 학생들은 고등학교 입학 후 수학수업에 대한 이해도 역시 더 높은 것으로 나타남.	다변량 잠재성장 모형 (multivariate latent growth curve modeling)
강창희 (2012)	한국교육 개발원 (중학교 3학년)	사교육비 지출에 대한 성적 향상 효과를 알아보기 위하여 내생성을 통제후 분석한 결과, 도구변수법의 결과에 의하면, 10% 높은 사교육비 지출은 국어, 영어, 수학 성적을 각각 약 1.24%, 1.28%, 0.75% 향상시키며, 국어, 영어에서는 유의미한 향상을 보여주고 있음.	도구변수법과 비모수 구간 추정법 (nonparametric bounds analysis)
김성연 (2013)	한국교육 종단자료	다른 요인을 통제하고 사교육의 국어, 영어, 수학 학업성취 효과를 살펴본 결과 사교육 경험 변인에 상관없이 그리고 교과에 상관없이 각 교과의 성취도에 정적으로 영향을 미친다고 판단할 수 없음.	다변량 다층성장 모형

박순홍 한기순 (2013)	한국교육종단 연구KELS 자료 1차년도(2005)~ 3차년도(2007)	사교육 참여 경험이 더 많은 학생들이 다른 변수들을 통제하고도 수학성취 도가 높았으나, 사교육 요인 중 사교육 시간과 사교육 비용의 경우 학년과의 상호작용이 수학 성취도에 부적 영향을 미치는 것으로 나타남. 사교육 비용이 수학성취도에 미치는 효과에는 정적영향을 미치는 것으로 남.	선형 성장 모형
도승희 김성식 (2014)	『한국교육종단 연구2005』1차 ~3차년도 자료 (중학생)	사교육 참여정도는 출발시점의 학업성취 수준과 어느 정도 관련성을 보였지만, 이후 성적의 향상도에 의미 있는 영향을 미치지 않음. 교과별 성취에 대한 사교육의 효과는 수학성적에 대한 사교육비의 효과를 제외하고는 나타나지 않음.	3-수준 다층성장 모형
한수경 박재범 손형국 (2015)	서울교육종단 연구(SELS) 자료 (서울시 일반계 고등학교)	수학표준점수가 높은 집단일수록 사교육에 더 많이 참여하고 사교육의 효과를 긍정적으로 인식하고 있음. 가정의 사회·경제적 배경변인과 학생개인변인들도 모두 수학표준점수와 정적인 관계를 보이고 있음.	빈도분석, 이원분산 분석, 위계적 다중선형 회귀분석

한국 사교육, 현실과 대안

| 신혜진 (2017) | 고교유형별 서울시 학부모의 사교육비 지출의 종단적 분석 | 수학과 영어 사교육비 모두 중학교 1학년 초기시점에 지출한 비용에 고등학교유형에 따른 차이, | 3수준 다층성장 모형 (Piecewise Linear Growth Model) |

5장

지역 변인

　사교육 참여의 학업성취 효과는 학생의 가정배경이나 개인적 특성 뿐 아니라 지역의 영향을 받는다. 사교육은 특히 대도시 지역에서 성행하고 있다([표 5]참조). 임천순·박소영·이광호(2004)에 의하면 경기도 초·중·고 학생을 대상으로 한 연구에서 사교육이 학업성적에 미치는 영향은 지역에 따라 차이가 나타났다. 김미란(2005) 역시 지역에 따라 사교육 효과가 다르게 나타나며 특히, 대도시 지역에서 사교육의 효과가 나타났다.

　김진영(2011)은 사교육 의존도의 심화와 교육기회 불균등 문제 극복을 위한 정책과제 연구를 통해 수능점수에서는 지역 간 격차가 매우 크다고 지적하면서 이것을 사회경제적 배경과 관련하여 설명하였다. 즉, 사교육은 학교급이 올라갈수록 소수에게 집중되면서 이미 높은 성취도를 보이는 학생들 사이에서 더 밀도 있게 행해지고 있고 있으며 이것이 지역에 따라 매우 다르게 나타나고 있다고 지적하였다.

[표 5] 지역변인과 학업성취 효과관련 선행연구

연구자 (년도)	조사자료 (대상학교급 및 학년)	사교육 효과	분석방법
임천순 박소영 이광호 (2004)	경기도 초·중·고 학생	학생들의 학업성취와 관련한 분산 중 지역수준의 분산은 의미 있는 것으로 나타나고 있음. 이는 학생의 사교육이 학업성취도에 미치는 영향은 지역에 따라 차이를 나타낸다는 것을 의미함.	위계적 선형모형 (Hierarchical Linear Modeling)
김미란 (2005)	한국교육 고용패널 조사	대도시 지역에서만 성적에 효과가 있는 것으로 나타남.	다중회귀 분석
김진영 (2011)	2001~2010 수능점수 및 통계청 사교육비 자료	사교육 의존도의 심화와 교육기회 불균등문제 극복을 위한 정책연구를 통해 수능점수에서는 지역 간 격차가 매우 크게 나타남. 특히, 수도권과 광역도시에 사교육이 크게 증가함. 사교육은 학교급이 올라갈수록 소수에게 집중됨	토빗분석 등

한국 사교육, 현실과 대안

6장

가정배경 및 정의적 변인

　　사교육참여의 학업성취 효과는 가정환경을 매개로 하여 나타나거나 학생의 심리적·정의적인 요인에 영향을 받는다([표 6] 참조). 이정환(2002)에 의하면 과외가 학교성적에 미치는 영향은 부분적으로 가족환경과 성적의 매개변수로 작용하여 나타났다. 정영애(2002)는 일반계고등학교 학생을 대상으로 한 연구에서 사교육 경험과 사교육 지출정도는 가정의 사회경제적 지위와 밀접하게 관련이 있음을 밝히었는데 이러한 결과는 김경식(2003)의 연구결과와도 일치한다. 임천순·박소영·이광호(2004) 등은 사교육이 학업성적에 미치는 효과에 있어서 학생수준의 변인 중 사회경제적 지위와 사교육의존도와 학습지 구독여부가 영향을 주는 것으로 나타났다. 김태균(2008)은 전국의 중학교 2학년을 대상으로 사교육 시간이 부분 매개하여 부모의 사회경제적 지위(SES)가 중학교 2학년의 학업흥미에 영향을 미치는 것으로 나타났다.

또한, 학생 개인의 정의적인 요인이 사교육 효과와 관련이 있다. 박남수·박서홍(2010)은 중학생을 대상으로 학업적 자기개념과 부모의 교육기대수준에 따라 학생들의 영어성취도에 대한 사교육 영향이 다르다고 하였다. 학생의 학업수준과 부모의 교육기대수준이 동시에 높아질 때에 사교육은 정적인 효과를 나타났다. 정윤경 외(2010) 연구에서는 학습동기, 인지 및 행동전략의 사용이 학업성취도에 더욱 중요한 역할을 담당하는 것으로 나타났다. 박정주(2011)는 초등학생과 중학생을 대상으로 한 연구에서 사교육의 주관적 학업성취도 향상효과는 학년이 올라감에 따라 나타났다. 2차년도 주관적 학업성취도 향상효과는 3차년도 사교육 참여에 유의한 영향을 미친다. 이러한 교차지연효과는 사교육의 주관적 학업성취도 향상효과를 크게 인식할수록 사교육참여가 증가함을 의미한다. 도승희·김성식(2014)은 학생들이 인지전략, 자기효능감, 노력 등 자기조절학습에서 높은 수준을 보일 때 학업성취에 대한 사교육의 효과가 경감될 가능성이 있음을 주장하였다.

[표 6] 가정배경 및 정의적 변인과 학업성취 효과관련 선행연구

연구자 (년도)	조사자료 (대상학교급 및 학년)	사교육 효과	분석방법
이정환 (2002)	서울지역 중 학생	가족의 사회경제적 배경 등 가족환경 이 자녀의 과외여부와 국어, 수학, 영 어성적에 영향을 미치는 것으로 나타 남. 사교육은 부분적으로 가족환경과 성적의 매개변수로 작용하여 나타남.	회귀분석
정영애 (2002)	마산 창원 지역 7개 고등학교	성적이 높을수록 사교육을 많이 받는 것으로 나타나 사교육 경험이 성적에 영향을 주는 것으로 나타남. 가정의 사회경제적 지위가 현재의 사교육비 에 영향을 주며 그로인하여 성적에 영 향을 주는 것으로 나타남.	교차분석, 경로분석
김경식 (2003)	대구지역 초등(5학년) 중학교 (2학년)	과외수업의 효과는 주관적인 지각효 과와 실제 효과간에는 상당한 거리가 있는 것으로 나타남. 학교 학업성적 에 대한 과외학습의 효과는 성적이 하 위권 학생의 일부 교과에서 확인되었 음.	교차분석, 변 량분석, 중다 회귀분석
오영수 윤정식 (2003)	대구 일반계 고등학교 (2학년)	학업성적에 영향을 미치는 요인을 분 석한 결과, 가정의 사회경제적 배경보 다는 학생 개인의 동기나 특성이 보다 중요한 변수로 나타남. 특히 과외는 전체적으로 학교성적이 의미 있는 영 향을 보이지 않음.	회귀분석

임천순 박소영 이광호 (2004)	경기도 초·중·고 학생	학생 사교육 의존도가 높을수록 학업 성취도는 높은 것으로 나타났는데, 이는 학생의 심적 상태가 사교육 효과의 결정적인 변인이 될 수 있음을 보여주고 있음.	위계적 선형모형
이은우 (2006)	한국청소년 패널 2차년도 자료 (중학교 3학년)	학생성적은 사교육비와 가족배경에 의해 영향을 받음. 고소득층과 저소득층과의 평균 성적차이 중 사교육비 차이는 32.9%, 가족환경 45.0%, 고소득층과 중소득층과의 평균성적차이 의중 사교육비 차이는 9.4%, 가족환경 차이는 65.3% 기인	순서프로빗 (ordered probit) 모형
박정주 (2011)	한국청소년 패널조사 자료 2006년(초6) ~2008년 (중2)	사교육 참여와 사교육의 주관적 학업성취도 향상효과는 학년이 올라감에 따라 안정적으로 지속되었음. 2차년도 주관적 학업성취도 향상효과는 3차년도 사교육 참여에 유의한 영향을 미치는 것으로 나타남.	자기회귀교 차지연 모형

한국 사교육, 현실과 대안

대학진학 및 대학성적 변인

중고등학교 시기의 사교육이 실제로 대학진학에 영향을 미치며 대학학점에도 영향준다([표 7] 참조). 우천식·조병구·김태종(2004)은 서울시내 명문대 재학생을 대상으로 내신성적, 수능점수, 고교의 유형별·지역별 특성 등 다양한 통제변수를 사용한 회귀분석을 시도한 결과, 사교육여부나 고교 1·2학년 때의 과외는 유의미하게 영향을 주지만 고3학년 때의 사교육은 대학학점에 부정적인 영향을 주는 것으로 나타났다. 김태일(2005) 역시 4개의 명문대에 진학한 학생을 대상으로 고등학교 시기의 사교육과 대학 학점간의 관계를 회귀분석한 결과, 고등학교 1~2학년 때의 사교육과 대학에서의 성적은 별 관계가 없으나, 고등학교 3학년 때의 사교육 경험과 대학에서의 성적은 음(-)의 상관관계를 가지는 것으로 나타났다. 따라서 사교육이 대학 진학에는 도움을 줄 수 있지만, 대학 진학 후의 학업성취도에는 오히려 부정적인 역할을 하는 것을 알 수 있다.

그러나 최형재(2008)에 의하면 고등학생들의 사교육 경험과 대학 진학 간에 통계적으로 유의미한 영향이 있다. 사교육지출이 10% 증가할 때 상위 31개 대학 또는 의학계열에 진학하는 확률이 0.6~0.7% 증가하고, 일반 4년제 대학 전체로는 0.8% 증가한다는 사실을 발견하였다. 즉, 가구소득이 높을수록, 부모의 학력이 높을수록 일반 4년제 대학이나 상위권 대학에 진학하는 확률이 높은 것으로 나타났다. 사교육 변수의 내생성을 통제하기 위해 대학 진학 결정과 사교육비 지출을 연립하여 식으로 추정한 결과, 사교육의 효과가 통계적으로 유의하게 나타났다. 이러한 결과는 사교육이 소득과 학력의 대물림과정에서 중요한 고리역할을 하고 현재의 사교육열풍이 사교육이 가져다주는 대학진학에 있어서 수익의 일부를 기여하는 것으로 나타났다.

[표 7] 대학진학 및 대학성적과 학업성취 효과관련 선행연구

연구자 (년도)	조사자료 (대상학교급 및 학년)	사교육 효과	분석방법
우천식 조병구 김태종 (2004)	서울시내 명문대(서울 대, 고대, 연 대, 이대) 재 학생 1,000 명 대상	사교육 비경험자가 고교 내신등급, 수능점수 모두 약간 더 높은 것으로 나타남. 또한 대학학점을 종속변수, 고교 시절 사교육 여부 및 사교육 기간을 독립변수로 하고, 내신성적, 수능점수, 고교의 유형별·지역별 특성 등 다양한 통제변수를 사용한 회귀분석을 시도한 결과, 사교육여부나 고교 1·2학년 때의 과외는 유의미하게 영향을 주지만, 고3학년 때의 사교육기간은 대학학점에 부정적인 영향을 주는 것으로 나타남.	회귀분석
김태일 (2005)	4개의 명문대학교 대학생	고등학교 시기의 사교육과 대학에서의 성적은 별 관계가 없으나, 고등학교 3학년 때의 사교육 경험과 대학에서의 성적은 음(-)의 상관관계로 나타남	회귀분석
최형재 (2008)	한국노동 패널자료 (3차(2000 년)~8차(2005 년)데이터)	고등학생들의 사교육 경험이 대학 진학에 미치는 영향을 분석한 결과, 사교육이 대학진학에 통계적으로 유의미한 영향을 미친다는 사실을 발견함 (내생성 추정)	프로빗모델

3부

·

사교육의
대안책으로서
방과후학교 및
EBS

방과후학교 및 EBS의 정책배경

　교육은 우리나라 발전의 근간이 되었고 사회이동을 위한 가장 효과적인 수단으로 간주되었다. 그러나 사회양극화가 심화되면서 계층 간 교육격차가 심해지는 양상을 보이고 있다. 즉, 가정배경이 학업성취에 미치는 영향력이 더욱 강화되고 있다(성기선, 2010; Byun, 2011, 변수용 외, 2011). 사교육이 증가하는 가운데 계층 간 교육격차 해소를 위해 다각적인 정책방안이 강구되었는데, 가장 대표적인 것이 방과후학교와 EBS 정책이다. 참여정부는 방과후학교와 EBS 정책을 통해 취약지역과 농산어촌 지역에 대한 집중 투자를 통해 지역 및 계층 간 교육격차를 줄여 나감으로써, 궁극적으로 사회양극화 해소에도 일조를 할 수 있을 것이라는 기대를 모았다(교육인적자원부, 2006.1.26).

　방과후학교는 1995년 5.31 교육개혁 방안의 일환으로 도

입된 이후 꾸준히 발전되고 있다. '방과후 교육활동'이라는 이름
으로 시작되어 방과후 보육, 특기적성 프로그램, 수준별 학습 등
다양한 이름으로 운영되던 것을 2004년 '방과후학교'라는 이름
으로 통일하여 정책의 관심 아래 재정이 투자되었고 이후 정부
의 주요한 정책이 되고 있다(정기오, 2007). 2004년 '2·17사교육
비 경감대책'을 통해 늘어나는 사교육비를 경감하기 위한 방안
이었다. 참여정부 시절인 2005년에 방과후학교를 시범사업을
시작으로 2006년부터는 45개의 연구학교를 시범 운영하였으
며, 현재에 이르기까지 꾸준하게 방과후학교 지원사업을 확대
실시해 오고 있다.

　방과후학교의 초기 목표는 학교교육 기능의 보완, 사교육
경감, 교육복지 실현, 학교의 지역 사회화 등 네 가지로 정리된
다(교육인적자원부, 2006). 그리고 방과후학교의 주요 기대효과로
는 학업성취도 제고, 사회적·정의적 발달, 비행의 예방, 건강 및
행복의 증진 등으로 요약된다(Afterschool Alliance, 2008; 배상훈 외,
2010). 우리나라의 방과후학교 정책이 짧은 시간 빠른 발전을 이
룬 것은 정부차원의 관심과 재정 투자와 더불어 민간의 참여와
국민적 관심이 있었기 때문이다(배상훈 외, 2010). 이런 맥락에서
방과후학교는 학생 개인에게 교육기회를 제공 뿐 아니라 사교
육비 경감, 지역 간 교육격차 해소, 학교 개혁 등을 중요한 교육

목표를 가지고 운영되어 왔다.

정부는 방과후학교와 EBS교육방송 정책을 통해 꾸준히 사교육비 경감 정책을 피고 있지만 정부 차원의 꾸준한 관심과 재정 투자에도 불구하고 그 효과에 대한 실증 분석은 제대로 이루어지지 못하여 그 효과가 제대로 알려져 있지 못하다. 연구 또한 매우 제한적이어서 연구방법적인 면에서 지적은 받고 있는 상황이다.

EBS 역시 방과후학교와 유사한 정책적 배경을 가지고 있다. 과외 대책 및 입시정책 등 교육정책이 변화될 때마다 과외교습의 대안으로 EBS를 통한 방송교육이 시행되었다. 정부는 사교육을 줄이기 위한 대책으로 EBS교육방송을 대안으로 제시한 것이다. EBS 수능강의를 수능방송과 인터넷 강의로 구성하여 수준별 체계를 갖추고 있는 것을 특징으로 하고 있다. EBS 교육방송은 고등학생들에게 사교육비를 절감하기 위한 방안으로 지속적으로 관심을 받아왔다.

특히, EBS 수능방송과 수능 시험 연계정책발표와 더불어 그 관심과 기대는 가히 폭발적이라고 할 수 있다. 교육정책 변화와 관련된 EBS 교육방송의 역할에 있어서 주요한 변화를 보면 2004년 사교육비 경감정책으로 EBS 수능강의 실시와 EBS 방송 및 인터넷 강의를 통한 공교육지원 체제구축, 그리고 방과후 수준별 보충학습 실시가 있다. 2007년에는 영어교육지원 정책의 하나로 케이블 방송에 영어방송 도입하였고 2010년에는 고등학생 사교육을 줄이기 위한 방안으로 EBS 교육방송 내용을 수능시험에 70% 연계 하는 도입한 정책을 도입하였다.

방과후학교와 EBS가 학업성취에 미치는 영향을 분석할 때 각별히 유의해야 한다고 지적하고 있다(변수용 외, 2011). 참여하는 학생과 그렇지 않은 학생 사이에는 배경변인에서 가시적인 차이가 있다는 사실을 지적하고 있다. 일반적으로 방과후학교에는 사회경제적 지위가 낮은 계층 출신의 학생과 농어촌 지역의 학생이 보다 활발한 참여 양상을 보이는 것으로 알려져 있다(김경근 · 황여정, 2009; 변수용 · 김경근, 2010; Bae, et al., 2009). 이는 방과후학교 참여 성향에 선택편의(selection bias)가 존재함을 의미한다.

방과후학교에 참여하는 학생과 그렇지 않은 학생 사이에 학업성취 차이가 방과후학교 참여 여부에 기인한 것인지 아니면 양자 사이에 이미 존재하고 있던 다른 배경요인의 차이에 의한 것인지 분간하기가 어렵다. 따라서 방과후학교 참여가 과연 학업성취 제고에 기여할 수 있는지를 고찰하는 과정에서 방과후학교 참여에서 나타나는 선택편의를 적절히 통제하지 못할 경우 연구결과가 타당성을 갖기 어렵게 된다.

방과후학교와 EBS를 사교육의 대체재(replacement good)로 가능성을 검증하기 위하여 경향점수매칭 모형을 이용하여 참여집단과 비참여집단의 학업성취도와 사교육비를 비교하였다. 선택편의를 통제한 후 학교급별, 지역별, 교과별 등에 따른 사교육, 방과후학교, EBS의 학업성취 효과 분석과 아울러 방과후학교, EBS의 사교육비에 미치는 효과에 대한 종합적인 분석과 진단을 하고자한다.

방과후학교 및 EBS 교육의 효과

방과후학교 참여와 사교육비 경감 효과와 관련한 선행 연구를 통해 방과후학교와 EBS 교육방송이 사교육의 대체재 (replace-ment good)로 가능할 것인가에 대한 검증이 필요하다. 정부가 그동안 방과후학교 및 EBS를 사교육 경감과 교육기회의 확대를 위한 정책방안으로 삼아왔기 때문이다.

방과후 교육활동의 사교육비 경감효과를 전망한 연구로 이종재 외(2003)의 연구가 있다. 방과후학교의 도입 단계에서 사교육비 경감방안으로서 방과후 교육활동의 가능성을 탐색한 결과, 학교급에 상관없이 학부모의 약 55.6%가 학생 선택권을 전제로 한 교과목 특기 적성교육 실시가 사교육비를 경감시킬 것이라고 응답하였다. 홍후조(2006)는 방과후학교 만족도에 관한 연구에서 초·중·고등학교 학부모 응답자중 약 75%가 방과후학교가 사교육을 대체해야 한다는 데 동의하였으나 실제 가능성에 대해서는 단지 약 31%만이 낙관적인 것으로 나타났다.

방과후학교 정책의 사교육비 경감 효과에 대해서는 그 결과 일관되지 않게 나타나고 있다. 박현정·변종임·조순옥(2009)은 방과후학교에 지속적으로 참여한 학생일수록 사교육비 지출이 적음을 보여주었다. 배상훈 외(2010)는 통계청 사교육비 자료를 분석한 결과 방과후학교 교육비가 증가할수록 사교육비 지출규모가 줄어들었고 이러한 현상은 대체로 고등학교와 고소득 집단에서 더 크게 나타난다고 하였다. 김양분 외(2010)가 분석한 2007년부터 2010년까지의 통계청의 사교육 실태조사 코호트 분석 결과, 2007년 이후 방과후학교 참여 학생들의 사교육 참여율이 낮아지고 있고, 방과후학교 참여시 2008년과 2009년에는 사교육비가 경감되었다. 박현정 외(2013)는 서울지역 초중고 학생을 대상으로 방과후학교의 평균적 효과와 참여강도 효과 그리고 저소득층과 저학력층 부모의 학생의 차별적 효과가 있음을 보고하고 있다.

박현정 외(2009)는 방과후학교가 사교육비경감과 학생의 학교생활에 미치는 영향에 대해서 3개년도 종단자료를 모두 이용한 위계선형모형의 분석을 수행하였다. 분석결과, 연도별 방과후학교 참여의 상호작용효과가 사교육비경감에 효과가 있는 것으로 나타났다.

　반면, 변수용·김경근(2010)의 연구는 방과후학교의 사교육비 지출에 미치는 영향을 보기위해서 토빗모형, 헤크만 모형, 경향점수매칭 등의 통일한 분석방법으로 교육종단연구자료의 중학교 3학년 학생의 자료를 중심으로 이용한 분석결과, 방과후학교 참여여부가 사교육참여 및 지출 규모에 통계적으로 유의한 영향을 미치지 못하고 있는 것으로 나타났다. 심은석 외(2013) 역시 일부 교과와 학교급에서만 방과후학교 효과가 있음을 밝히었다. 서울시 초중고 학생을 대상으로 국, 영, 수 교과의 방과후학교 참여가 해당교과 사교육비 경감에 대하여 분석한 결과, 초등학교에서는 영어교과에서 사교육비 경감이 발견되었으며, 중학교에서는 영어와 수학이 사교육비 경감에 영향을 미치는 것으로 나타났다. 그러나 고등학교에서는 방과후학교 참여가 사교육비 경감에 영향을 미치지 못하였다.

　이광현외 (2013)는 '사교육없는 학교' 사업에 관한 대비 편익을 산출 분석을 통해 방과후학교가 사교육을 대체성에 대하여 연구하였다. 정부는 사교육 성행 학교를 대상으로 사교육을 경감하기 위하여 방과후학교 등에 비용을 투자하여 사교육 경감을 도모하였다. 비용-편익분석결과, 월평균 사교육비가 사업시기 1년 동안 비선형관계 인 오목형으로 감소했다는 가정에서 편익이 약 655억 원으로 1차년도 사업비용인 572억 원 보다 약 83억 원 정도 많은 것으로 산출되었다. 즉, 편익이 투자한 비용보다 크게 나타났음을 의미한다. 그러나 지역별로 보았을 때 서울, 경기, 충북, 전북에서는 비용이 편익보다 많은 것으로 나타났으나 대부분 지역에서 편익이 비용보다 높게 나타났다. 즉, 사교육 대체 효과로 방과후학교 등의 정책이 실효성이 있음을 보여주었다.

문지영 등(2018)의 연구에 의하면 방과후학교 참여집단과 미참여집단 간의 월평균 사교육비 차이는 초등학교가 2.02만원, 중학교가 0.11만원으로 방과후학교 참여로 인한 사교육비 감소효과 크기를 확인할 수 있었다. 고등학교의 방과후학교 참여집단과 미참여집단 간의 월평균 사교육비 차이는 1.31만원으로 방과후학교 참여집단의 월평균 사교육비 지출이 많아서 방과후학교의 사교육비 감소효과는 없었다.

방과후학교로 인한 사교육 참여율의 평균처치효과크기는 초등학교 0.04, 중학교 0.02, 고등학교가 0.06로 나타났다. 모든 학교급에서 방과후학교로 인한 사교육 참여율 감소의 효과는 없었다.

EBS관련 사교육비 관련 선행연구를 살펴보면 다음과 같다([표 8] 참조). EBS 참여가 사교육비 경감에 효과가 있다는 연구들

이 있다. 김지하·백일우(2006)는 참여정부시기에 사교육비 경
감정책에 대한 평가로는 EBS 수능강의의 사교육비감소 효과를
살펴보았다. 2005년에 서울, 경기도, 일부광역시 및 중소도시의
일반계 고등학교 3학년을 학부모 2,829 명을 대상으로 하여 설
문조사를 수행하여 EBS 수능강의 시청여부가 사교육비에 미치
는 영향을 분석한 결과, EBS 수능강의를 시청한 학생은 그렇지
않은 학생보다 통계적으로 유의하게 월평균 과외비를 약 6만원
~10만원 적게 지출한 것으로 나타났다.

전인식 외(2006 : 130-131)는 2006년 3월 웹서베이를 통해
EBSi 사이트를 이용하는 고교 2, 3학년 학생과 재수생, 대학 신
입생 7,327명과 교사 299명을 대상으로 설문조사한 결과 학생
응답자의 경우 EBS 수능강의의 사교육비 절감효과에 대해 긍정
적으로 생각하는 비율이 50.0%로 매우 높았고, 부정적으로 생
각하는 비율은 5.9%에 불과했다(전인식 외, 2006 : 131). 교사의
경우 사교육비 절감효과에 대해 부정적으로 생각하는 비율이
42.1%였으며, 긍정적으로 생각하는 비율이 27.1%로 학생응답
자의 반응과 대조적이었다(전인식 외, 2006 : 173).

채창균(2007)은 한국교육고용패널 2004년 l차 조사와 2005
년 2차 조사자료를 이용하여 일반계와 전문계 고3 학생들의
EBS 수능강의의 사교육비경감효과를 분석하였다. 그 결과, 일

반회귀분석에서는 EBS 수능강의 시청여부에 따라서 사교육비의 감소가 통계적으로 유의한 것으로 나타났으나 차분회귀모형 (Difference-in-difference)에 의하면 EBS수능강의가 사교육비에 미치는 효과는 없는 것으로 나타났다. 그러나 표집인원수가 절반 이하로 감소하였기 때문에 결측비율이 너무 높아 차분회귀모형의 R-square 값이 매우 작아서 차분회귀모형의 적합성에서 한계가 있음을 드러냈다.

김현철 외(2010)는 정부가 수능과 EBS수능방송 연계를 발표한지 5개월후인 '10년 9월 EBS 수능강의의 사교육 절감에 대한 효과를 조사하였다. 그 결과 '사교육비 감소'는 41.7%이며, 월 평균 30.5만원 감소된 것으로 나타났으며, '사교육비 증가'는 1.8%로, 월 평균 10.4만원 증가한 것으로 나타나 연간 2조 2천억원 절감이 추정되었다.

한상만 외(2011)은 EBS수능강의의 사교육비 경감 효과 인식 분석을 한 연구에서 사교육비 경감 효과에 가장 큰 영향을 주는 변인으로 강의내용을 꼽았다. 또한 사교육을 중단하고 EBS 수능강의를 경험한 학생이 사교육 경감의 효과를 높게 가장 평가하는 것으로 나타났다.

김병모(2007)는 EBS 수능강의에 대한 효과 인식 연구를 질적 연구로 수행하였다. 연구에 의하면 학부모는 EBS 수능강의가 어느 정도는 사교육비 경감에 도움이 된다고 응답한 반면, 교사와 교장은 EBS가 국가 과외로 자리매김하여 학생들을 더 바쁘게 할 뿐 사교육비 경감 효과는 없다고 응답하였다(김병모, 2007 : 243-244).

　백순근 외 (2010)의 경우는 EBS 수강시간이 사교육비에 미치는 영향을 한국교육개발원의 교육종단자료를 이용하여 분석하였다. 2~5차년도의 총4개년도 종단자료를 이용하여 성장모형을 통해서 분석한 결과, EBS 강의 수강 시간이 사교육비에 미치는 영향을 국어, 수학, 영어 교과별 비교하였다. 연구결과 국어교과에서 EBS강의 시간이 사교육 경감에 통계적으로 유의미한 효과를 있음을 밝히었다. 또한 국어와 영어교과에서 개인차가 유의미하게 나타났다. 타 교과에서는 사교육 절감 효과가 크게 나타나지 않아 EBS 의 활용도를 높이기 위헌 방안이 마련되어야 함을 지적하였다.

　EBS참여가 사교육비에 미치는 영향에 대하여 동시에 연구한 백순근, 길혜지, 홍미애(2013)는 한국교육개발원의 한국교육종단연구 5차년도와 6차년도 자료를 활용하여 EBS 강의가 고등학생의 교과별 사교육비와 영역별 수능 성적에 어떠한 영향을 미치는지 분석한 결과, 수학 교과에서만 EBS 참여 학생이 비학생보다 월 12,956원 정도 사교육비를 적게 지출하는 것으로 나타났다. 그러나 관련 공변인을 통제하고 이중차분법으로 분석할 경우에는 수학 교과에서는 공변인 통제 전과 동일하게 사교육비 경감 효과가 있으나(월 12,275원), 국어교과에서는 오히려 월 11,960원 만큼 더 지출하는 것으로 나타났다.

　　방과후학교 및 EBS를 동시에 본 선행연구는 다음과 같다. 박소영(2008)의 연구는 EBS 수능강의와 방과후학교의 사교육비 경감효과에 대해서 함께 분석하였다. 2006년도 고2를 대상으로 설문조사를 수행하여 사교육비경감에 대한 인식과 실제 사교육비를 분석한 결과, 인식조사에서는 방과후학교의 경우 사교육비 감소에 크게 긍정적이지 않았으며 EBS 수능강의는 긍정적인 의견이 많은 것으로 나타나고 있다. 실제 사교육비경감과 관련한 통계분석에서는 EBS 수능강의 시청여부와 방과후학교 참여 여부는 통계적으로 유의하지 않게 나타났다. 결론적으로, EBS 수능강의 시청여부와 방과후학교 참여여부는 사교육비지출에 영향을 미치지 않는 것으로 나타났다.

　　성낙일·홍성우(2008)는 초·중·고를 대상으로 한 통계청의 2007년도 사교육비조사 자료를 사용하여 학교급별로 사교육비에 영향을 미치는 EBS와 방과후학교 효과를 분석하였다. 그 결과, 방과후학교는 모든 지역에서 사교육비를 감소시키는 효과가 있지만 그 효과는 크지 않은 것으로 나타나고 있다. EBS 참여는 서울시를 제외한 광역시와 중소도시에서 통계적으로 유의하게 사교육비를 감소시키는 것으로 나타났다. 그리고 학교급별로 보면 초등학교의 경우 방과후학교 참여는 모든 지역에서 사교육비경감효과가 있는 것으로 나타난 반면, EBS의 경우 초등학교에서는 효과가 없는 것으로 나타났다. 이것은 사교육비를 감소시키기 위한 EBS 방송강의가 주로 중학교와 고등학교를 중심으로 이루어지기 때문으로 해석하고 있다.

이종구 외 (2009)는 2008년도 일반계 고등학생들의 사교육비 통계청 조사자료를 이용하여 방과후학교 프로그램과 인터넷·방송교육의 효과를 분석한 결과, 방과후학교는 사교육비지출을 다소간 감소시키는 효과를 보여주고는 있지만 인터넷·방송교육의 경우 오히려 사교육비지출과 비례관계에 있다고 보고하고 있다.

채재은·임천순·우명숙(2009)은 방과후학교와 EBS 수능강의가 사교육비 및 학업성취도에 미치는 효과를 분석을 통해 성적이 높고 사교육비를 많이 지출하는 학생들이 그렇지 않은 학생들 보다 방과후학교에 많이 참여하는 경향이 있는 것으로 나타났다. 또한 변수 중에 '방과후학교'만이 사교육비에 대해 통계적으로 유의한 '정적인 관계'를 가지고 있는 것으로 나타났다.

김희삼(2009)은 영어사교육비를 종속변수로 하여 다양한 학교특성변수가 미치는 효과를 분석하였다. 영어과 EBS 수강여부, 그리고 교사들이 인식한 교과보충관련 방과후학교의 충실도 지수, 즉 교과보충관련 방과후학교가 얼마나 충실히 이루어지고 있는지에 대한 학교단위의 설문지를 통해 분석한 결과, 학생단위에서의 영어과 EBS 수강여부는 사교육비 지출과 긍정적인 관계를 보여주고 있어서 영어과 EBS를 수강하는 학생들이 사교육비 지출도 많다고 제시하였다.

Bae, et al., (2009)는 방과후학교와 EBS 참여가 사교육비 지출 변화에 긍정적인 영향을 주고 있음을 밝히었다. 방과후학교 참여시간이 많을수록 사교육비 지출이 감소하는 것으로 나타났다. 변종임 외(2009)의 연구에 의하면 방과후학교에 참여한 방식에 대한 연구결과, 지속적으로 참여하는 학생들이 간헐적으로 참여하는 학생들보다 사교육비 경감에 효과가 있다고 하였다.

박광현(2013)은 토빗모형, 헤크만 모형, 경향접수매칭 모형을 통한 방과후학교 참여와, EBS 시청여부가 사교육비 지출에 미치는 영향과 관련해서 방과후학교 참여여부의 경우 제한적으로(marginally) 사교육비 경감 효과가 있는 것으로 나타났다. 반면, EBS 참여여부는 토빗 모형과 경향점수매칭 분석결과에서는 통계적으로 유의하게 사교육비 경감에 효과가 있는 것으로 나타났으나 헤크만 모형에서는 유의미한 효과가 나타나지 않았다.

한국 사교육, 현실과 대안

김명랑, 권재기, 박인우(2014)는 방과후학교 참여 및 EBS 시청이 고등학생의 사교육비 지출에 미치는 영향을 살펴본 결과, 방과후학교 참여시간이 많을수록 EBS 시청시간이 길수록 사교육비 지출이 감소하는 것으로 나타났다. 가정의 월수입이 높을수록 그리고 초기 학업성취수준이 높을수록 초기 사교육비 지출이 높고 사교육비 지출의 증가폭도 증가하는 것으로 나타났다.

방과후학교 및 EBS참여의 사교육비 경감 효과를 연구하기 위해서는 학생의 가정배경이나 개인적 특성, 그리고 지역 등의 영향을 고려해야 한다. 이는 곧 방과후학교 참여에 내생성(endogenity), 즉 선택편의 문제가 있기 때문이다(변수용·김경근, 2010). 이 선택편의 문제를 최소화하기 위한 방법이 경향점수매칭모형이라고 할 수 있다.

[표 8] 방과후학교 및 EBS 사교육비 경감효과 선행연구 분류

	효과 있음	효과 없음
방과후학교	• 박현정 외(2009) • 성낙일, 홍성우(2009) • 이종구 외(2009) • 김양분 외(2010) • 배상훈 외(2010)	• 김경근(2008) • 박소영(2008) • 채재은, 임천순, 우명숙(2009) • 변수용, 김경근(2010)

방과후 학교	• 박현정, 정동욱(2012) • 이광현(2013) • 이광현, 홍지영(2013) • 박광현(2013) • 김명랑, 권재기, 박인우(2014)	• 심은석 외(2013)(초 : 영어, 중 : 영수는 효과 있음)
EBS	• 전인식, 나일주, 이영준 외 (2006) • 정영식, 정미영, 최정희(2007) • 정영식, 김영식, 김일혁 외 (2008) • 성낙일, 홍성우(2009) • 김병모(2009) • 정영식(2009) • 김현철, 윤유진(2010) • 백순근, 길혜지, 윤지윤(2010) • 정동욱 박현정 하여진 박민 호 이호준 한유경(2012) • 백순근, 길혜지, 홍미애(2013) (수학영어에만 나타남)	• 채창균(2007) • 박소영(2008) • 송승연, 황우형(2008) • 채재은, 임천순, 우명숙(2009) • 이종구, 김태진, 권기현(2009) • 채재은, 임천순, 우명숙(2009) • 박광현(2013)

한국 사교육, 현실과 대안

방과후학교 및 EBS 학업성취 효과

그동안 방과후학교와 EBS는 사교육비 경감 정책으로 연구되어 온 반면 학업성취에 대한 영향력을 연구한 것은 많지 않다. 방과후학교와 EBS가 학업성취 효과가 충분히 검증된다면 사교육을 대체하기 위한 수단으로 충분하기 때문에 이에 대한 연구는 매우 중요하다. 학업성취도 향상효과 관련한 방과후학교와 EBS의 선행연구를 살펴 본 결과([표 8] 참조), 방과후학교 및 EBS 프로그램이 학업성취도에 미치는 영향이 효과적이라는 연구가 대부분이다.

채재은·임천순·우명숙(2009)은 방과후학교와 EBS 수능강의가 학업성취도에 미치는 효과 분석을 통해 성적이 높은 학생들이 그렇지 않은 학생들 보다 방과후학교에 많이 참여하는 경향이 높다고 밝혔다. 또한 EBS와 달리 '방과후학교'는 사교육비 및 학업성취도에 대해 통계적으로 유의한 '정적인 관계' 즉, 효과가 있는 것으로 나타났다.

방과후학교가 학업성취에 미치는 영향에 대한 연구들은 효과가 있다는 연구가 좀 더 많이 발견된다. 2008년 사교육비 자료를 분석한 배상훈 외(2010)의 연구에 의하면 방과후학교 교육비 지출이 증가할수록 사교육비 지출규모가 줄어들고 방과후학교 교육비 지출이 증가할수록 학업성취 수준이 높은 집단에 속할 가능성이 있다고 지적하였다. 특히, 방과후학교 참여와 학업성취 수준과의 관계는 저소득층에 영향이 더 크기 때문에 저소득층 학생들의 교육기회의 역할을 하고 있음을 밝히었다. 방과후학교와 사교육이 학생들의 성적 향상 측면에서 효과가 있다는 점이 주목할 만하다(김희삼, 2012)

김진영(2011)은 사교육 의존도의 심화와 교육기회 불균등 문제를 극복하기 위하여국가의 교육 정책의 목표를 사교육 감소가 아닌 교육격차 감소에 두면서 상대적으로 열악한 환경을 가진 곳의 공교육여건을 개선해야 하는데 노력을 집중해야 하기 때문에 방과후학교와 EBS 등의 공교육 내 사교육 대체재 공급 방식에 대하여 강조하였다.

변수용 외(2011)는 한국교육종단조사 1~3차년도 데이터를 사용하여 방과후학교 참여가 중학생의 학업성취에 미치는 영향을 분석하였다. 방과후학교 프로그램의 효과를 엄밀하게 검증하기 위하여 방과후학교 참여 학생과 비참여 학생 간 배경변인의 차이에 기인한 선택편의를 제거하기에 적합한 연구방법인 경향점수매칭모형을 활용하였다. 분석결과에 따르면, 이전 학업성취도를 포함한 다른 변인들을 통제했을 경우에 방과후학교 참여는 전체적으로 중학생의 학업성취에 부정적인 영향을 미칠 개연성이 있는 것으로 나타났다. 이는 방과후학교가 계층 간 교육격차 해소를 위한 실효성 있는 정책대안이 되기 어렵다는 것을 의미한다. 그렇지만 이 같은 방과후학교의 효과를 지역별로 살펴보았을 때는 다소 희망적인 요소도 엿볼 수 있었다. 구체적으로, 방과후학교 참여는 읍면지역 중학생의 국어와 영어 교과의 학업성취 향상에는 도움이 되는 것으로 나타났다. 이러한 연구결과는 방과후학교가 적어도 지역 간 교육격차 해소에는 어느 정도 긍정적 기여를 할 수 있음을 시사한다.

특히, 최근에 김진영(2012)의 방과후학교와 사교육이 학생들의 성적 향상효과를 비교한 연구가 주목을 받고 있다. 통계청 사교육비 조사를 근거로 성적향상도로 본 방과후학교와 사교육의 상대적 효율성 연구에 의하면 통계청 자료를 패널자료화 하여 1학기의 사교육 및 방과후학교 참여여부와 참여의 강도가 1학기와 2학기 간 성적 변화 사이의 관계를 살펴본 결과는 방과후학교의 효과가 사교육 효과에 뒤지지 않는 것으로 나타났다. 사교육과 방과후학교의 효과는 학교급별 및 학생의 이전 성취도에 따라 차이를 보이고는 가운데, 방과후학교는 학교급으로는 고등학교, 성적으로는 중상위권 학생들에게 긍정적인 성적 상승 및 유지에 효과를 주는 반면 사교육은 학교급으로는 중학교, 성적으로는 하위권 학생들에게 도움이 되는 것으로 나타났다.

반면, 김호·김재철(2012)은 방과후학교 참여가 아동의 학업 성취에 미치는 영향력에 대하여 부정적인 연구결과를 발표했다. 자기주도적 학습능력과 창의성이 방과후학교 참여와 학업 성취 간의 관계를 분석한 결과, 방과후학교 교육활동에 참여여부는 학업 성취에 유의미한 차이를 보이지 않았으나 자기주도적 학습능력과 창의성을 매개로 하여 학업 성취에 영향을 주는 것으로 나타났다.

또한, EBS 참여가 학업성취에 미치는 영향을 연구한 연구들이 있다. 임걸 외(2010)는 고등학생이 선호하는 수학능력시험 대비 인터넷 강의의 유형과 이유에 대하여 조사한 결과, 인터넷 강의에 대한 관심도 및 활용도가 학업성취도가 상 → 하 → 중 수준 집단의 순서로 나타났다. 한편, 학업성취도가 상수준 집단은 사교육 업체의 인터넷 강의를 선호하였으며, 다른 두 집단은 상대적으로 EBS를 선호하였다. 인터넷 강의비용은 학업성취도 상·중·하 집단별로 전체 사교육비 지출대비 각각 57%, 2%, 16%로 거주지역과 상관이 있는 것으로 나타났다.

박현정, 길혜지(2013)의 EBS 수강이 학업성취에 미치는 영향을 알아보았다. 국가수준 학업성취도 평가의 고1(2009)~고2(2010) 개별학생 연계 자료를 활용하여 EBS 수능강의 수강이 일반계 고등학교 2학년의 교육격차 감소에 대한 분석결과, 국어, 수학, 영어 교과에서 모두 EBS 수능강의 수강이 평균적으로 학업성취도와 학교수업태도 향상에 유의한 효과가 있는 것으로 나타났다. 고1 시기 학업성취도에 따라 EBS 수능강의 수강이 고2 시기 교과별 학업성취도와 학교수업태도에 차별적인 영향을 미치는 것으로 나타났다.

EBS 참여가 사교육비와 학업성취에 미치는 영향에 대하여 동시에 연구한 백순근, 길혜지, 홍미애(2013)는 한국교육개발원의 한국교육종단연구 5차년도와 6차년도 자료를 활용하여 EBS 강의가 고등학생의 영역별 수능 성적에 어떠한 영향을 미치는지 분석한 결과, 언어, 수리, 외국어 영역에서 EBS 강의를 수강할 확률인 경향점수를 도출하고 이를 활용한 결합표집 방법을 사용하여 각 영역에서 EBS 강의가 2011학년도 수능성적(표준점수)에 미친 영향을 분석한 결과 언어 영역에서만 통계적으로 유의한 수준에서 EBS 참여학생이 비참여학생보다 수능 성적이 높은 것으로 나타났다.

　그동안의 연구에서 방과후학교 프로그램이 일정정도 사교육비경감효과가 있으며 더불어 학업성취 효과가 있다는 점이 거론되고 있다. 방과후학교 관련 프로그램의 질을 높여나가면 그 효과를 지속적으로 유지, 확대해나갈 수 있다는 점이다. EBS 수능방송의 경우에는 그 교육적 효과를 분석하기 위한 향후 더 추가적인 연구가 필요하며 자료 분석 자료 수집에 있어서 기술적인 면도 고려되어져야 한다. 따라서 EBS 수능방송의 질적 수준을 높이는 정책은 비록 사교육비경감에 큰 효과는 못 미치더라도 광역시 중소도시 등의 학생에게 상대적으로 유리한 정책일 수 있음을 시사해준다.

[표 9] 방과후학교 및 EBS의 학업성취향상효과 선행연구

	학업성취 효과 있음	학업성취 효과 없음
방과후학교	• 채재은, 임천순, 우명숙(2009) • 배상훈 외(2010) • 변수용, 황여정, 김경근(2011) • 김희삼(2012) • 김진영(2012) • 김호, 김재철(2012)	

| EBS | • 박현정, 길혜지(2013)
• 백순근, 길혜지, 홍미애(2013)
(언어영어에만 나타남) | • 채재은, 임천순, 우명숙(2009) |

4장

방과후학교, EBS,
사교육 학업성취 효과 비교

　방과후학교, EBS 및 사교육의 학업성취 효과를 비교하기 위하여 통계청의 2013년 사교육 자료를 이용하였다. 표본 추출은 전국 초·중·고 약 1,094개 학교의 학부모 약 44,000명(사교육비, 의식조사), 학생 34,000명(의식조사) 총 78,000명을 대상으로 하였다. 경향점수매칭에 사용된 학업성취도 표본수는 방과후학교 19,035명, EBS 16,076명, 사교육 19,295명, 교과방과후 14,254명, 영어사교육 21,989명, 수학사교육 23,010명이다. 사교육비 분석을 위한 표본수는 방과후학교 17,753명, 교과방과후학교 13,588명, EBS 15,233명의 자료가 분석에 사용되었다.

　분석과정은 먼저 학업성취에 영향을 줄 것으로 판단되는 변인에 대하여 학업성취에 미치는 영향을 분석하였다. 학업성취도에 영향을 주는 사교육, 방과후학교, EBS의 효과를 알아보기 위하여 경향점수매칭에 의한 로지스틱 회귀모형과 회귀모형(regression)을 통해 효과분석을 실시하였다. 또한 사교육비 및 사교육참여에 영향을 주는 변인을 알아보기 위하여 회귀분석과 로지스틱 회귀분석을 실시하였다. 본 연구에서 자료는 SAS(Ver. 9.3)를 이용하여 분석하였다.

경향점수 추정과 매칭은 학급별로 층화하여 실시하였다. 즉, 초등학교, 중학교, 일반계 고등학교, 특성화 고등학교별로 경향점수를 추정한 후 이를 이용한 매칭을 실시하였다. 이러한 경향점수매칭을 위하여 첫째, 처치변수를 사교육 참여여부, 방과후학교 참여여부, EBS 참여여부, 영어사교육 참여여부, 수학사교육 참여여부로 설정하였다. 결측값 포함한 자료를 제외하도록 하고 로지스틱 회귀분석을 이용하여 경향점수를 구하였다. 둘째, 매칭방식은 최근린매칭법 중 하나인 Parsons 등(2004)이 소개한 매칭 알고리즘을 응용하여 학생수준으로 매칭하는 방식을 사용하여 1 : 1비율로 매칭하였다. 셋째, 본 연구에서는 매칭 전·후 집단 간 공변량들의 동등성 진단을 위하여 독립표본 t-검정을 이용하였다. 넷째, 매칭된 자료를 이용하여 알고자 하는 처치 효과를 측정하기 위하여 대응표본 t-검정(paired t-test)을 실시하여 선택편의가 제거된 인과효과를 검정하였다. 주요 연구결과 및 논의는 다음과 같다.

첫째, 기존의 사교육, 방과후학교, 그리고 EBS연구는 선택편의가 있는가를 검증하였다. 학업성취 분석방법에 있어서 선택편의가 있는가를 알아보기 위하여 경향점수매칭 전·후의 값을 비교함은 물론 경향점수매칭 분석방법과 회귀분석 방법에 의한 사교육, 방과후학교, EBS 참여의 학업성취 영향력을 비교하였다. 경향점수매칭 분석방법에 의하면 사교육 참여는 비참여에 비해 6.82% 학업성취도가 높게 나타났고, 방과후학교 참여는 비참여에 비해 4.81% 높게 나타났으며, EBS 참여는 비참여에 비해 5.04% 높게 나타났다. 회귀분석 방법에 의한 학업성취도 결과는 사교육 참여는 비참여에 비해 6.73% 학업성취도가 높게 나타났고, 방과후학교 참여는 비참여에 비해 4.41% 높게 나타났으며, EBS 참여는 비참여에 비해 3.81% 높게 나타났다. 즉, 사교육의 효과는 경향점수매칭 분석과 회귀분석의 결과가 유사하게 나타났으나 방과후학교와 EBS의 경우 경향점수매칭 방법에 의한 결과가 참여가 비참여에 비해 더 높게 나타났다.

경향점수매칭 전·후 비교와 회귀분석과 경향점수매칭에 의한 비교분석에 의한 결과는 사교육, 방과후학교, EBS의 참여 성향에 있어서 선택편의(selection bias)가 존재함을 의미한다. 그동안 사교육, 방과후학교 및 EBS가 학업성취에 미치는 영향에

대한 많은 연구에서 참여학생과 비참여학생의 배경변인이 가시
적으로 차이가 있다는 사실이 지적되어 왔다. 일반적으로 사교
육 참여학생과 비참여학생의 사회경제적 지위가 다를 뿐 아니
라 방과후학교에 참여하는 학생들 역시 사회경제적 지위가 다
르거나 농어촌 지역의 학생들이 보다 활발하게 참여하는 양상
을 보이는 것으로 알려져 있다.

둘째, 사교육, 방과후학교, EBS의 학업성취 효과를 비교하
였다. 선택편의를 제거하기 위하여 경향점수매칭에 의한 사교
육, 방과후학교, EBS 참여집단과 비참여집단의 학업성취 차이
를 비교하였다. 사교육 6.82%, 방과후학교 4.81%, EBS 5.04%
로 나타났다. 초등학교급에서는 사교육(8.17%) 방과후학교
(2.70%), EBS (0.74%) 순서로 크게 나타났고, 중학교급에서 사
교육(12.94%), 방과후학교(4.07%), EBS(3.62%) 순으로 나타났
다. 특히, 중학교에서는 사교육 효과가 매우 크게 나타남을 알
수 있다. 그러나 일반계 고등학교의 경우 방과후학교(7.91%),
EBS(6.09%), 사교육(4.18%) 순으로 초등학교와 중학교와 순위가
바뀌어서 고등학교급에서는 사교육보다 방과후학교와 EBS 효
과가 크다는 것을 알 수 있다.

학교급별로 참여효과를 보면 초등학교와 중학교급에서는
사교육, 방과후학교, EBS순으로 나타난 반면 일반고에서는 방

과후학교, EBS, 사교육 순으로 나타났다. 중학교급에서 사교육의 효과가 상대적으로 크게 나타났다는 점도 매우 주목할 부분이다. 대학교 입시준비가 고등학교가 아닌 중학교에서 가장 활발하게 이루어지고 있고 이미 고등학교에서는 어느 정도 방향을 정한 학생들이 사교육이 아닌 방과후학교나 EBS를 통해 입시를 준비하고 있다는 박현정(2011)의 견해를 뒷받침한다고 볼 수 있다. 중학교급에서 사교육 효과에 비해 방과후학교 참여효과가 매우 낮게 나타난 것은 변수용 외(2011)의 연구와도 맥을 같이한다.

고등학교급에서 방과후학교와 EBS는 사교육보다 더 학업성취 효과에 긍정적인 영향을 주는 결과는 김진영(2012)의 방과후학교와 사교육의 상대적 학업성취 효율성 연구에 의해 방과후학교의 효과가 사교육 효과에 뒤지지 않으며 고등학교급에서 효과가 더 크다는 연구결과와 일치하며 방과후학교의 학업향상도 효과가 있다는 배상훈 외(2010) 연구의 결과와 일치한다. 또한 EBS의 학업성취향상 효과에 대해서는 EBS 참여학생이 비참여학생보다 학업성취가 높다는 박현정 외(2013)의 연구결과와 일치하는 결과이다.

또한, 이러한 결과는 사교육과 방과후학교의 성적 상승효과에 있어서 방과후학교와 사교육 사이에 특별한 우열관계를 찾기는 어렵다는 것을 의미한다. 기본적으로 양자의 효과 모두 제한적인 것으로 판단되며 학교급과 학생들의 성취도에 따라 방과후학교 또는 사교육의 효과가 선택적일 수 있다.

그런데, 2013년 통계청 조사에 의한 1인당 사교육비 23.9천원, 방과후학교 비용은 3.2천원 그리고 EBS 비용은 0.2천원으로 사교육의 비용이 방과후학교나 EBS에 비해 월등히 높다. 이런 점을 고려한다면 방과후학교나 EBS가 사교육에 비해 크게 열등하지 않으며 방과후학교나 EBS가 비용대비의 효율성이 사교육에 비해 높은 것으로 평가할 수도 있다. 특히, 사교육을 받지 않는 학생들에게 방과후학교나 EBS는 실질적으로 큰 도움이 될 잠재력이 충분한 것으로 보여진다. 특히, 본 연구결과에서 특성화고 학생들의 EBS를 통해 학업성취 효과가 나타난 것은 EBS가 저소득층 학생들에게 교육의 기회를 확대해주고 있음을 입증하는 결과라고 할 수 있기 때문이다.

셋째, 방과후학교, EBS가 사교육비 경감에 영향을 미치는가를 살펴보았다. 경향점수매칭 방법에 의해 방과후학교 참여가 사교육비 경감에 미치는 효과를 살펴본 결과, 방과후학교 참여는 비참여에 비해 사교육비를 45.62만원 덜 사용하는 것으로 나타났으며 학교급에 따라 초등학교는 67.91만원, 중학교는 30.17만원 사교육비를 덜 사용하였고 일반고에서도 47.11만원 사교육비 절감의 효과가 있는 것으로 나타났다. EBS참여에 따른 사교육비 경감의 효과를 살펴본 결과, EBS 참여가 사교육비 경감하는 효과는 일부 학교급에서만 나타났다. 중학교의 경우 EBS 참여가 비참여에 비해 22.41만원 사교육비를 덜 사용하는 것으로 나타났으나 전체를 대상으로 할 경우 EBS 참여는 비참여에 비해 15.41만원 사교육비를 더 사용하는 것으로 나타났고 일반고의 경우 EBS 참여가 비참여에 비해 25.70만원 더 사교육비를 더 사용하는 것으로 나타났다.

반면, 회귀분석을 이용해서 방과후학교 및 EBS의 사교육비 경감 효과를 알아본 결과, 방과후학교에 참여할 경우 사교육비를 61.47만원 덜 사용하는 것으로 나타났고, EBS에 참여할 경우 37.11만원 사교육비를 더 사용하는 것으로 나타났다. 초등학교급은 방과후학교에 참여할 경우 사교육비를 72.25만원 덜 사용하는 것으로 나타났다. 중학교급은 방과후학교에 참여할 경우 사교육비를 34.69만원 덜 사용하는 것으로 나타났고 EBS에 참여할 경우 24.84만원 사교육비를 덜 사용하는 것으로 나타났다. 고등학교급에서는 방과후학교에 참여할 경우 사교육비를 29.86만원 덜 사용하는 것으로 나타났고, EBS에 참여할 경우 54.85만원 사교육비를 덜 사용하는 것으로 나타났다.

방과후학교 및 EBS 참여가 사교육비에 미치는 효과를 확인하기 위하여 회귀분석과 경향점수매칭을 이용하여 분석 결과에서도 경향점수매칭분석과 회귀분석의 결과가 다르게 나타났다. 경향점수 매칭에 의하면 방과후학교는 45.62만원 사교육비 경감의 효과가 있었고 EBS의 경우 15.41만원 사교육비를 더 사용하는 것으로 나타난 반면, 회귀분석의 경우 방과후학교는 61.47만원 경감의 효과가 있는 반면, EBS는 37.11만원 사교육비를 더하는 것으로 나타났다.

이러한 결과는 백순근 외(2010)와 백순근 외(2013)의 결과에서 일부 교과를 제외하고 EBS 참여의 사교육비 경감효과가 없다는 연구결과와 일맥상통하는 결과이다. 또한 서울지역의 중학교급에서 사교육비 감소효과가 있었는데 이러한 결과는 EBS교육의 효과가 중학교에서 나타났다는 정동욱 외(2012)의 결과와도 일치한다. 고등학교급에서 EBS의 사교육 경감효과가 나타나지 않은 것은 수능연계정책으로 인해 사교육을 받는 학생들이 또 다른 사교육의 하나로 EBS를 이용하고 있음을 보여주는 결과이다. 정책의 형평성뿐만 아니라, 효율성 차원에서 EBS 교육 프로그램 효과를 극대화하기 위해서는 저소득층 학생들에게 EBS 교육 프로그램을 최대한 활용할 수 있도록 EBS 교재비 보조 등 적극적인 지원방안이 강구되어야 한다는 정동욱 외(2012)의 주장에 공감되는 결과이기도 하다. 이것이 EBS 정책

한국 사교육, 현실과 대안

의 목표가 사교육비 경감보다는 교육의 기회를 확대하기 위한 방안으로 바뀌어져야 함을 의미한다. 연구 결과를 요약하면 다음과 같다.

첫째, 사교육·방과후학교·EBS의 참여 성향에 있어서 선택편의(selection bias)가 존재하는 것으로 나타났다. 그동안 사교육, 방과후학교 및 EBS가 학업성취에 미치는 영향에 대한 많은 연구에서 참여학생과 비참여학생의 배경변인이 가시적으로 차이가 있다는 사실이 지적되어 왔다. 일반적으로 사교육 참여학생과 비참여학생의 사회경제적 지위가 다를 뿐 아니라 방과후학교에 참여하는 학생들 역시 사회경제적 지위가 다르거나 농어촌 지역의 학생들이 보다 활발하게 참여하는 양상을 보이는 것으로 알려져 있다. 본 연구에서 경향점수 매칭 전·후 비교와 회귀분석 결과와 비교를 통해 사교육·방과후학교·EBS 참여 성향에 선택편의(selection bias)가 존재함을 발견하였다.

선택편의를 제거하기 위해 본 연구에서는 경향점수매칭 모형을 이용하였다. 매칭 전·후에 있어서 사교육의 효과는 매칭 전과 비교하여 매칭 후에 줄어드는 반면, 방과후학교와 EBS는 매칭 후에 더욱 증가하였다. 이러한 결과는 그동안 사교육의 효과에 대해 사실 이상으로 부풀려 해석되었거나 방과후학교나 EBS 경우에는 과소로 평가되었을 가능성이 있음을 의미한다.

또한, 사교육비에 있어서도 방과후학교 참여와 비참여 차이가 매칭 전 81.08만원에서 매칭 후 45.62만원으로 35.46만원 줄었다. 즉, 참여학생과 비참여학생이 갖고 있는 개인의 특성이 체계적(systematic)으로 다르다는 것을 입증한다. 이런 의미에서 경향점수매칭을 이용하여 사교육, 방과후학교, EBS 참여의 효과를 비교한 본 연구는 매우 의미가 있다고 할 수 있다.

둘째, 본 연구결과를 통해 방과후학교, EBS의 학업성취 효과 향상 효과가 사교육의 학업성취 효과 향상의 효과에 못지않다는 점을 확인하였다. 참여와 비참여의 학업성취 차이에 있어서 사교육은 6.82%, 방과후학교 4.81%(교과방과후학교, 5.38%), EBS 5.04%로 순으로 나타났다. 초등학교급에서는 사교육(8.17%) 방과후학교(2.70%), EBS(0.74%) 순으로 크게 나타났고, 중학교급에서 사교육(12.94%), 방과후학교(4.07%), EBS(3.62%) 순으로 나타났다. 중학교에서는 사교육 효과가 매우 크게 나타났지만 일반계 고등학교의 경우 방과후학교(7.91%), EBS(6.09%), 사교육(4.18%) 순으로 나타났고 고등학교급에서는 사교육보다 방과후학교와 EBS 효과가 크게 나타났다. 사교육과 방과후학교의 성적 상승효과에 있어서 방과후학교와 사교육 사이에 특별한 우열관계를 찾기는 어렵다는 것을 의미한다. 기본적으로 양자의 효과 모두 제한적인 것으로 판단되며 학교급과 학생들의 성취도에 따라 방과후학교 또는 사교육의 효과가 선택적으로 효과적일 수 있다.

셋째, 경향점수매칭 방법에 의해 방과후학교 참여가 사교육비 경감에 긍정적인 영향을 미치고 있다는 결론에 도달하였다. 방과후학교 참여는 비참여에 비해 사교육비를 45.62만원 덜 사용하는 것으로 나타났다. 초등학교는 67.91만원, 중학교는 30.17만원 사교육비를 덜 사용하였고 일반고에서도 47.11만원 사교육비 절감의 효과가 있는 것으로 나타났다. 경향점수매칭 분석방법에 의해 중학교를 제외한 다른 학교급에서 EBS참여가 사교육비 경감에 효과가 없는 것으로 나타났다. 중학교의 경우 EBS 참여가 비참여에 비해 22.41만원 사교육비를 덜 사용하는 것으로 나타났으나 전체적으로 EBS 참여는 비참여에 비해 15.41만원 사교육비를 더 사용하는 것으로 나타났다. 일반고의 경우 EBS 참여가 비참여에 비해 25.70만원 더 사교육비를 더 사용하는 것으로 나타났다. 특히, 고등학교급의 경우에 수능연계 정책으로 인해 사교육을 받는 학생들이 또 다른 사교육의 하나로 EBS를 이용하고 있음을 보여주는 결과이다. 정책의 형평성 뿐만 아니라, 효율성 차원에서 EBS 교육 프로그램 효과를 극대화하기 위해서는 저소득층 학생들에게 EBS 교육 프로그램을 최대한 활용할 수 있도록 EBS 교재비 보조 등 적극적인 지원방안이 강구되어야 하며 EBS정책의 목표가 사교육비 경감보다는 교육의 기회를 확대하기 위한 방안으로 바뀌어져야 함을 의미한다고 할 수 있다.

넷째, 비용대비로 볼 때 사교육보다 방과후학교와 EBS의 학업성취 효과가 열등하지 않다는 본 연구의 결과는 정부가 사교육 경감정책보다는 사교육을 대체할 수 있는 정책을 개발하는 방향으로 나가야 것을 의미한다. 이러한 결론은 강영혜(2008)의 연구와 방향을 같이한다. 또한 본 연구에서 선정한 50편의 선행 연구결과에 의하면 부정적인 연구 즉, 사교육 효과가 없다는 연구보다는 긍정적인 연구가 더 많게 나타났다. 이러한 결과는 최근 들어 사교육의 효과가 갑자기 증가했다기보다는 선택편의 등을 보완한 연구방법이 좀 더 정교화 되었기 때문이며 우리나라 사교육의 특성이 보충형이 아니라 선행학습 등의 수월성 사교육이라는 점을 입증하는 결과라고 할 수 있다. 분명한 것은 정부의 사교육정책의 방향이 사교육 경감이 아니라 학교정책과 대입정책이 교육적 가치로 가기위하여 사교육을 대체할 수 있는 정책을 개발하는 방향으로 나가야 한다는 점이다. 따라서 방과후학교 혹은 EBS 정책이 비용대비 학업성취 효과 향상 효과나 사교육비 경감 검증에 있어서 입증된바 사교육 대체 잠재성을 검토하여 교육정책에 적극 반영해야 할 것이다.

한국 사교육, 현실과 대안

4부

사교육
국제 비교연구

사교육 국제 비교연구의 필요성

Stevenson & Baker(1992)는 사교육을 '공교육의 그림자(shadow education)'라고 하였다. 이들은 사교육이 교육과정 이외의 과정으로 그 존재의 가치가 분명히 드러나지 않는다는 의미에서 '공교육의 그림자(shadow education)'라고 본 것이다. 사교육은 학교 교육과정과 유사하며 시험 등을 대비한 교과목에 집중적으로 운영된다. 학교는 교육과정에 대한 평가에 있어서 그 책임을 면하기 어렵지만 사교육은 마치 그림자처럼 눈에 쉽게 띄지 않는다.

Bray(2007)는 사교육을 '보충 과외(supplementary tutoring)'라 하고 그 개념정의를 다음과 같이 내리고 있다. 첫째, 학교에서 배우는 것을 보충하여 배우는 것(supplemenatation)을 말한다. 즉, 사교육의 개념에는 학교에서 배우고 있는 교과목을 학교 밖에서 보충하여 학습하는 것을 말하며 학교에서 배우지 않거나 이민자에게 언어를 가르치는 등의 내용에 대해서는 사교육의 범위로 두지 않는다. 둘째, 개인적으로 사비용을 부담하는 경우(privateness)를 말하며 국가에서 지원을 하는 아동복지 프로그램이라든가 무보수의 자원봉사자에게 숙제지도 등을 지도받는 것은 포함되지 않는다. 셋째, 사교육의 범주 안에는 영어, 수학, 과학과 같은 교과목을 말하며 음악이나 미술, 운동 등 취미활동은 사교육에 포함되지 않는다. 넷째, 사교육 대상에는 초등학교, 중학교, 고등학교급을 대상으로 한 사교육만을 다루며 유치원이나 대학교의 사교육은 포함하지 않는다. 다섯째, 사교육은 매우 다양한 유형을 포함한다. 일대일 과외 혹은 그룹과외, 인터넷강의, 학습지 또는 전화 사교육 등이 포함된다. 여섯째, 사교육의 개념은 국가마다 다양하다. 과외(private tutoring) 혹은 사교육(private tuition)이라는 용어로 사용되기도 하고 사교육 시설에 대하여도 센터, 학원, 사설기관 등으로 불린다.

　　Baker와 Bray가 말하는 외국의 사교육의 개념은 우리나라와는 다소 차이가 있다. Baker 등(2001)에 의하면 사교육은 그 전략에 따라 수월형(enrichment) 사교육과 보정형(remediation) 사교육으로 구별된다. 수월형 사교육이란, 선행교육 등 학습 능력이 우수한 아이들이 성적을 유지하거나 더욱 잘하기 위해 추가적으로 공부하는 것을 의미한다면, 보정형 사교육이란, 학교 수업에서 이해하지 못하는 부분을 도움을 받기 위하여 보충학습을 하는 것을 의미한다. 대부분의 국가에서 학부모들은 사교육을 보정형 전략으로 사용하지만 일부 국가에서는 수월형 사교육을 하고 있음을 발견하였다. 일본의 경우 수월형 사교육과 보정형 사교육을 혼합하여 사용하고 있었고 한국, 루마니아, 태국은 수월형 사교육 전략을 사용하고 있음을 밝히었다.

많은 학생들이 사교육에 참여하는 이유는 사교육이 학업 성취에 긍정적인 영향을 미칠 것이라는 관심 때문이다. 1980년대와 1990년대에 수학교과에 있어서 사교육이 긍정적인 영향을 준다는 국제 비교연구가 발표되면서 국제적으로도 정책적 관심을 받고 있다(Stevenson & Baker, 1992; Bray, 1999b).

국제연구에서 사교육에 관한 데이터는 공교육보다 훨씬 제한적이다. 국제 비교 연구들이 발표되면서 세계 각국의 사교육의 실태가 알려지고 있고 대략적인 사교육 모습을 드러내고 있다. 비록 세계 모든 국가들의 실태를 담고 있지는 못하지만 비교적 최근 자료를 근거로 정리하였다. 사교육이 활발한 일본이나 우리나라의 사교육 사례가 해외에 충분히 알려져 있지는 못하고 있다. 그럼에도 불구하고 많은 양적 질적 연구들은 한국 등 동아시아의 사교육 상황을 눈여겨보고 있는 분위기이다(Kimand·Hunt, 1968 ; Rohlen, 1980, Horio, 1986 ; Sawada·Kobayashi

1986, Han·Kim, 1997 ; Seth, 2002).

국제 연구 중 일부는 가구조사를 근거로 하고 있고 몇몇은 개인조사를 근거로 하고 있다. 국제 비교연구가 증가하는 추세에 있으며 그 가장 강력한 자료는 IEA(International Association for the Evaluation of Educational Achievement)에서 주관하는 TIMSS (Trends in International Mathematics and Science Study)와 OECD (Organis- ation for Economic Co-operation and Development)에서 주관하는 PISA (Programme for International Student Assessment)(e.g., Nonoyama- Tarumi 2011, OECD 2011b) 자료라고 할 수 있다. 그러나 사교육에 대한 정의에 있어서 학자들 간에 의견이 다르기 때문에 국제적으로 볼 때 아직은 사교육에 대한 연구가 매우 제한적이다(Bray, 2010:7-8).

본 연구에서는 사교육이 학업성취에 미치는 영향에 대한 국제비교 문헌분석을 수행하였다. 이에 분석 자료는 사교육과 관련된 국내·외 학위논문 및 학술지, 연구보고서 자료를 중심으로 하였다. 국내의 선행연구는 학술지 KEDI 등 국가 연구기관에서 수행한 사교육 연구자료를 바탕으로 하였다.

사교육이 학업성취에 미치는 영향에 대한 국제연구를 비교하기 위하여 우선, 각국의 사교육 현상에 대한 연구를 분석하였다. 이어서 PISA와 TIMSS를 통해 사교육과 학업성취 결과에 대하여 비교하였다. 따라서 본 연구의 목적은 기존의 연구들이 심도 있게 다루지 못한 국외 사교육이 학업성취에 미치는 영향을 분석하기 위하여 PISA, TIMSS 분석 자료를 통해 그 경향을 분석하여 우리나라 사교육 현상에 대한 구체적인 시사점을 도출하고자 한다.

동아시아 지역의 사교육 실태

국제적으로 볼 때 많은 국가에서 사교육을 하는 것으로 나타났다([표 10] 참조). 대부분 아시아 국가들에서 사교육에 대한 실태가 연구되고 있지만 우리나라, 일본, 대만, 싱가포르 등을 포함하는 동아시아 지역의 사교육 양상에는 공통점이 있다. 동아시아 지역은 사교육의 역사가 매우 길 뿐 아니라 사교육 현상도 매우 가시적으로 뚜렷한 현상으로 나타난다. 이러한 현상은 유교와도 연관이 있을 것으로 보인다. 유교에서는 교육을 받는 것이 개인과 가문 발전의 척도로 생각하기 때문이다. 그런데 중국(PRC)에서는 지난 수십년간 유교의 영향력을 받지 않았다. 왜냐면 중국의 사회주의 정부가 사교육을 강력하게 금지했기 때문이다. 그러나 시장경제가 도입되면서 노동력이 이동성이 커지고 경쟁이 증가하면서 사교육이 매우 급속도로 증가하는 추세에 있다(Kwok, 2010 ; Zhang, 2011).

　동남아시아(인도, 파키스탄, 스리랑카, 방글라데시 등)는 역시 매우 긴 사교육의 역사를 가지고 있다. 공식적인 자료에 의하면 스리랑카에서는 사교육 현상이 1943년까지 거슬러 올라간다. 이들 국가들은 사회경쟁에 의해 사교육이 이루어질 뿐 아니라 교사들의 부수입의 수단으로 사교육이 이루어지고 있다(Nath, 2008 ; Sujatha·Rani, 2011 ; Suraweera, 2011). 이러한 현상은 캄보디아(Dawson, 2009 ; Brehm·Silova, 2012)와 베트남(Dang, 2008 ; Ko·Xing, 2009) 지역에서도 나타나고 있다.

　북부, 중앙, 서주 아시아(몽골, 이전에 소비에트 지역)에서 사교육은 기업화되고 있는 추세에 있다(Silova, 2009:69). 1991년 소련 연합이 해체되면서 교사의 월급이 타격을 받자 가족 생계를 위한 수단으로 사교육이 이루어지고 있다. 이런 상황에서 사람들은 교사에 대한 사회적인 압력과 사교육 현상을 이해하는 분위기이다. 교사 월급의 구매력이 이러한 국가들에서 증가하는 추세에 있지만 사교육문화는 여전히 남아있다.

한국 사교육, 현실과 대안

〈표 10〉 국제비교연구를 통한 사교육 실태

국가	사교육실태	출처
아르메니아 (Armenia)	중학생 47% 학생이 2과목 이상의 과목을 수강하고 주당 30~35시간 사교육을 받고 있음	The United Nations Development Programme (UNDP 2007:45)
아제르바이잔 (Azerbaijan)	대학교 1학년 913명을 대상으로 고3시기의 사교육 경험에 대한 조사에서 93.0%의 학생이 사교육을 받은 것으로 나타남(사교육 수업, 준비과정 포함)	Silova & Kazimzade (2006)
방글라데시 (Bangladesh)	2008년 가구조사에서 초등학생 37.9% 중학생 68.4% 사교육을 받고 10학년은 80%가 사교육을 받고 있는 것으로 나타남	Nath(2011b)
브루나이 (Brunei Darussalam)	6학년 학생들이 수학 학습하는 방법을 조사한 결과, 209명의 사례 중 69%의 학생이 사교육을 받고 있는 것으로 나타남	Wong et al. (2007:455)
캄보디아 (Cambodia)	1997/1998 조사에서 77명의 초등학생 중 31.2% 사교육을 받는 것으로 나타났고 초등교육의 6.6%를 사교육비에 지출하는 것으로 나타남(Bray 1999a:57). 2004년 중학교 사교육비가 급격히 증가함(Bray and Bunly 2005:42). 8학년 대상으로 3개 지역을 조사한 결과 50% 학생이 사교육을 받고 있는 것으로 나타남(Dawson(2011:18). Brehm & Silova(2012) 연구에서도 같은 결과가 나타남	Bray(1999a:57) Dawson (2011:18) Bray & Bunly(2005:42) Brehm & Silova(2012)

중국 (China, People's Republic of)	2004년 도시지역 가구조사에서 4,772가구 중 73.8%의 초등학생이 사교육을 받고 있는 것으로 나타남. 중학생 65.6% 고등학생 53.5%가 사교육을 받고 있음(Xue and Ding 2009). 2010년 Jinan 지역조사에서 중학생 6,474명 중 28.8%가 수학사교육을 받고 있고, 29.3%는 영어사교육을 받는 것으로 나타남(Zhang, 2011).	Xue & Ding(2009) Zhang(2011)
그루지아 (Georgia)	대학교 1학년 839명을 대상으로 고3시기의 사교육 경험을 조사한 결과, 76.0%의 학생이 사교육을 받은 것으로 나타남. 2011년 중등학교 학생 1,200 대상으로 조사한 결과, 1/4의 학생이 사교육을 받았으며 수도지역에서 35%학생이 그리고 시골지역의 19% 학생이 사교육에 참여한 것으로 나타남(EPPM 2011).	Matiashvili & Kutateladze (2006) EPPM(2011)
홍콩 (Hong Kong, China)	2009년 521명의 학생에게 전화 조사한 결과, 72.5% 초등학교 고학년학생이 사교육에 참여하는 것으로 나타남. (Ngai & Cheung 2010), 898명의 중학교 1학년 중 72.5% 2학년 81.9%, 3학년 85.5%가 사교육에 참여한 것으로 나타남.	Ngai & Cheun(2010) Caritas(2010)
인도 (India)	Sujatha & Rani(2011:113)는 4개지역의 중등학생을 대상으로 조사한 결과, 10학년 학생 중 58.8%가 사교육에 참여한 것으로 나타남.	Sujatha & Rani(2011:113) Sen(2010:315) Pratham (2011:58)

인도 (India)	Sen(2010:315)은 West Bengal 지역의 초등학생을 대상으로 조사한 결과, 57%가 사교육에 참여하는 것으로 나타남. 국가 수준의 지역 조사에서 4~8학년의 학생들이 Chhattisgarh 지역은 2.8%, Tripura 지역은 77.2% 학생이 사교육에 참여하는 것으로 나타남(Pratham 2011:58).	Sujatha & Rani(2011:113) Sen(2010:315) Pratham (2011:58)
인도네시아 (Indonesia)	인도네시아에는 초등학교 수준에서 전국에 걸쳐 사교육이 이루어지고 있으나 통계적으로 밝혀진 바는 없음. 중등학교 수준에서 사교육이 넓게 퍼져 있다는 것이 입증됨 비공식적인 증거가 있음.	Suryadama et al. (2006)
일본 (Japan)	2007년 초등학교 1학년 학생 15.%가 주쿠에 등록하는 것으로 나타남. 학년이 올라갈수록 증가하다가 중학교에서는 65.2%가 사교육에 참여함. 6.8%는 집에서 과외를 받고 있으며 15.0%는 다른 상응하는 과정을 통해 사교육을 받는 것으로 나타남.	Japan(2008:13)
카자스탄 (Kazakhstan)	1,004 명의 대학생을 대상으로 고등학교 시절 사교육 경험에 대하여 조사한 결과 59.9의 학생이 사교육에 참여한 것으로 나타남(사교육 수업, 준비과정 포함).	Kalikova & Rakhimzhanova (2009)
한국 (Korea, Republic of)	2008년 조사에 의하면 87.9%의 초등학생, 중학생 72.5%, 그리고 일반계 고등학생 60.5%가 사교육에 참여함.	Kim(2010:302)

키르기스스탄(Kyrgyz Republic)	1,100명의 대학교 1학년 학생을 대상으로 사교육 경험을 조사한 결과, 52.5% 학생이 사교육 경험이 있는 것으로 조사됨(사교육 수업, 준비과정 포함).	Bagdasarova·Ivanov (2009)
라오스(Lao People's Democratic Republic)	Benveniste et al. (2008:76, 106) 중학교 교사 14%가 사교육을 제공하여 수입의 1/3을 충당하고 있음. 449개 학교의 2,082명의 학생이 사교육에 참여하고 있음(Dang et al. 2010).	Benveniste et al. (2008:76, 106) Dang et al. (2010)
말레이시아(Malaysia)	Kenayathulla (2012)은 2004/05 가구조사에서 20.1%가 사교육비를 지출하는 것으로 나타남. Tan (2011:105)은 Selangor와 Kuala Lumpur 지역의 8학년 1,600명을 대상으로 조사한 결과, 88.0% 학생이 초등학교 시절에 사교육을 받은 것으로 나타남.	Tan(2011:105) Kenayathulla (2012)
몰디브(Maldives)	Nazeer(2006:159)는 몰디브에서 사교육은 '매우 일반적 현상'이라고 함. 그는 질적 연구를 통해 9명의 교사가 자신의 학생들에게 사교육을 하고 있다고 응답함.	Nazeer (2006:159)
몽골(Mongolia)	대학교 1학년 1,475 명을 대상으로 고3시기의 사교육에 대하여 조사한 결과 66.0%의 학생이 사교육을 받은 것으로 나타남(사교육 수업, 준비과정 포함).	Dong et al. (2006)

미안마 (Myanmar)	1992년 조사에서 중등교육과정을 마치기 위해서는 실제로 사교육이 불가피하다는 것을 발견함. 20년 후 비공식적인 연구에서 여전히 문제가 있음을 발견함. 초등학교 수준에서 많은 사교육이 이루어지고 있으며 2009년 연구에서 가구소득의 12.6%를 사교육비에 지출하고 있으며 1학년은 12.6%, 5학년은 15.6% 지출하는 것으로 나타남.	Myanmar Education Research Bureau (1992:24)
네팔 (Nepal)	Jayachandran(2008)는 28개 지역 450개 학교를 대상으로 조사한 결과, 공립학교 38%의 학생들이 그리고 사립학교는 32%의 학생이 사교육에 참여하는 것으로 나타남. 나머지 학생들도 학교 밖에서 사교육을 받는 것으로 파악됨. Thapa(2011)는 10학년 학생의 452개 학교 22,500명 68%의 학생이 사교육을 받고 있음을 밝힘.	Thapa(2011) Jayachandran (2008)
파키스탄 (Pakistan)	도시지역에서 초등학생의 사교육은 매우 일반적인 현상임(Mulji 2003), 시골지역도 퍼져나가고 있음(ASER-Pakistan 2011). 2010년 19,006가구조사에서 학생 중 80%만 학교에 등록을 하고 있는데 이중에서 14.3%는 사교육을 받고 있는 것으로 나타남(ASER-Pakistan 2011:52).	Mulji(2003) ASER-Pakistan (2011)
필리핀 (Philippines)	De Castro과 de Guzman(2010)는 23개 학교의 1,235 학생들을 조사한 결과 6학년 학생 중 40.7% 10학년 학생 중 46.5%가 사교육을 받고 있는 것으로 나타남.	De Castro & de Guzman(2010)

싱가폴 (Singapore)	Tan(2009)은 지난 수십년간 사교육 자료를 수집한 결과 사교육 현상은 매우 시각적으로 눈에 띄는 현상이라고 Kwan-Terry(1991와 George (1992)의 연구를 인용하여 밝힘. 2008년 신문보도 자료에 의하면 초등학교, 중학교, 고등학교 학생의 97%가 사교육을 받고 있는 것으로 나타남(Toh 2008).	Toh(2008) Kwan-Terry (1991) George(1992) Tan(2009)
스리랑카 (Sri Lanka)	Pallegedara(2011:9) 2006/07년 11,628 가구 중 6~21세의 21,438명의 학생을 대상으로 조사한 결과 63.7%학생이 사교육비를 지출하는 것으로 나타남. 이 결과는 1995/96년 23.3%와 비교됨. Suraweera (2011:20)는 10학년의 2,578명의 학생 중 92.4% 12학년 학생 884명 중 98.0%가 사교육을 받고 있는 것으로 나타남.	Pallegedara (2011:9)
타이페이 (Taipei, China)	2001년 20,000고등학교 학생중 7학년 학생의 72.9%의 학생이 주당 6.5시간 사교육을 받고 잇는 것으로 나타남(Liu 2012). Tajikistan Kodirov & Amonov (2009)은 대학교 1학년 999명의 학생을 대상으로 고등학교 시절의 사교육을 조사한 결과 64.8%의 학생이 사교육을 받는 것으로 나타남(사교육 수업, 준비과정 포함).	Liu(2012) Tajikistan Kodirov & Amonov(2009)
태국 (Thailand)	The Nation(국가발행 신문)(Editorial 2011)은 공식적인 국가 통계는 아니지만 7조바트(미화 2억3300만달러)를 사교육비에 지출하고 있다고 함.	The Nation (Editorial 2011)

태국 (Thailand)	Turkmenistan Clement(2006)는 1991년 독립이래 지속적으로 사교육 현상이 나타나고 있음을 지적함. 교사에 의해 사교육이 이루어지고 있음.	The Nation (Editorial 2011)
우즈베키스탄 (Uzbekistan)	Silova(2009a)는 공식적인 통계수치는 제공하지 못했지만 중아시아 다른 지역과 마찬가지로 사교육이 이루어지고 있음을 지적함.	Silova(2009a)
베트남 (Viet Nam)	Dang (2011b)은 2006년 9,189 가구조사를 통해 사교육비를 조사한 결과 초등학교 학생의 32.0% 가 사교육에 참여한 것으로 나타났으며, 중학교 46.0%, 고등학교 63.0% 가 사교육에 참여한 것으로 나타남.	Dang(2011b)

3장

OECD PISA 결과에 나타난 사교육 실태

　　PISA는 OECD에서 주관하는 국제적인 학업성취 비교연구로 각국의 학생들이 '학교에서 무엇을 배웠어야하는가'를 점검하는 평가이다. 학교교육을 받은 학생들이 장차 사회에 나가 생산적인 역할을 할 준비가 되어 있는지를 점검하는 평가라고 할 수 있다(OECD, 2004). PISA는 3년마다 만 15세 학생들을 대상으로 실시되는 비교연구로 우리나라는 1998년부터 참가하고 있다.

　　PISA 결과에서 한국은 참여 중 상당히 높은 수준의 학업성취 결과를 보이고 있어 세계 여러나라 사람들의 주목을 바고 있다. 이와 같은 이유로 OECD 국가 중에서 한국은 교육의 수월성과 형평성을 동시에 확보한 모범적인 사례로 주목되기도 한 바 있다(OECD, 2004). 그동안 국내에서는 PISA가 포함하고 있는 풍부한 자료에도 불구하고, 한국이 다른 나라에 비하여 높은 학업성취를 이루었는가에 대한 연구는 많지 않은 실정이며 특히 사교육관련 연구는 극소수이다.

PISA자료에 사교육 참여와 학업성취에 대한 항목이 있어 이에 대한 연구결과가 있다. 남기곤(2008)은 2003년 PISA 자료를 이용하여 사교육시간과 사교육에 따른 학업성취를 국제적으로 비교분석하였다. 그 결과, 한국학생들이 OECD 국가 가운데 사교육시간이 가장 긴 것으로 나타났고 사교육이 학업성적이 미치는 효과에 대해 한국 등 소수 국가에서만 플러스 효과가 나타났다. 특히 그중에서 우리나라가 가장 효과가 큰 것으로 나타났다.

최호성·이옥연(2010)의 2006 PISA 자료를 이용하여 OECD 회원국 중등학생의 학습 투자 시간과 학업성취도의 비교 연구에 의하면 우리나라 학생들의 과학, 수학, 읽기 교과에서 학습에 투자하는 시간량이 다른 국가들에 비해 많은 것으로 나타났다. 우리나라의 경우 학습시간이 많을수록 학업 성취 수준이 높게 나타난 반면 대부분의 국가에서는 방과후 수업 시간과 성취 수준이 역상관 관계로 나타났다. 이러한 현상은 우리나라의 경우 성취 수준이 우수한 학생들이 방과후 과외나 학원 수강을 통해 수월성 사교육을 하는 반면에 핀란드를 비롯한 다른 국가들에서는 정상적인 학교 교육과정을 따라가기 힘든 학생들이 보충의 수단으로 방과 후 수업 활동에 참여하고 있기 때문으로 해석하였다.

주요국가의 학업성취 수준(OECD, 2012)을 알아보기 위하여 우리나라와 미국, 일본, 중국(홍콩, 상하이), 프랑스, 독일, 핀란드 등 8개 국가(지역)의 OECD PISA 점수를 비교하였다. 우리나라의 경우 문제해결력은 1위 수학, 읽기, 과학은 중간에 해당되는 3~4위를 차지하였으나 동기부여는 8위이며 실제 동기부여는 PISA 참여국 중 최하위권에 속한다. 상대적으로 미국은 문제해결력과 교과에서 7~8위를 차지하였으나 동기부여는 2위로 높은 순위를 차지하고 있다. 중국은 홍콩과 상하이 지역이 학업성취도 부문에서 1~2위를 차지하고 동기부여도 상하이는 1위 홍콩은 5위를 차지하였다. 사교육이 성행되는 지역의 학업성취도가 그렇지 않은 국가보다 높게 나타났으며 동기부여는 두 지역이 순위가 혼재하는 것으로 나타났다.

〈표 11〉 OECD PISA 학업성취에 관한 국제비교

학습모델	국가	수학	읽기	과학	문제해결력
미덕모형 (Virture Model)	한국	554	536	538	561

미덕모형 (Virture Model)	중국(홍콩)	561	545	555	540
	중국(상하이)	613	570	580	536
	일본	536	538	547	552
	싱가폴	573	542	551	562
정신과 정모형 (Mental Model)	미국	481	498	497	508
	영국	494	499	514	517
	프랑스	495	505	499	511
	독일	514	508	524	509
	핀란드	519	524	545	523
	PECD 평균	494	496	501	500

TIMSS에 나타난 사교육의 영향

    사교육 참여여부와 학업성취와의 관계에 대한 국제비교연구는 TIMSS가 있다. TIMSS는 참여국들의 4학년과 8학년(중학교 2학년)을 대상으로 교육과정에 기초한 평가이다. 여기에서 말하는 교육과정이란 넓은 의미의 교육과정으로 의도된 교육과정(Intended Curriculum), 실행된 교육과정(Implemented Curriculum), 성취된 교육과정(Attained Curriculum) 이렇게 세 측면으로 이루어진다(Mullis et. al., 2012). Akker(2003)에 의하면 첫째, 의도된 교육과정을 이상적이고 형식적이며 문서로 작성된 국가수준의 교육과정을 말한다. 둘째, 실행된 교육과정은 주로 교사에 의해 해석된, 그리고 교실에서 일어나는 교수·학습의 실제과정을 가리킨다. 마지막으로 성취된 교육과정은 학습자가 인지한 학습경험, 그리고 학습자의 학습결과물까지를 교육과정으로 볼 수 있다.

TIMSS는 이 세 측면의 교육과정을 근간으로 평가를 실시한다고 할 수 있다. 이처럼 TIMSS는 PISA에서 소양을 평가하는 것과는 달리 교육과정의 효과성을 평가하고 학생들의 성취에 초점을 맞추어 진행되는 연구이다(Mullis et. al., 2012).

2003년 TIMSS자료에 의하면 각국의 학생들이 사교육에 참여하는 비율은 10~30%이며 한국이 48.39%로 가장 높게 나타났다. TIMSS자료를 통한 학생 성취도를 보면(<표 12> 참조), 한국, 중국은 사교육 받는 학생의 평균점수가 높으며 일본, 미국, 프랑스, 독일은 사교육을 받지 않는 학생의 평균점수가 높게 나타났다. 국가간 사교육 참여유무에 따른 학업성취의 차이가 발생하는 결과는 사교육여부에 따른 학업성취도의 결과를 의미한다기보다는 사교육을 받는 목적 자체가 다르기 때문이다.

〈표 12〉 TIMSS자료를 통한 학생 성취도 국제비교

	사교육을 받지 않는 학생			사교육을 받는 학생			
	학생수	평균점수	표준편차	학생수	백분율	평균점수	표준편차
한국	2973	569.32	106.48	2787	48.39	619.43	101.84
중국(홍콩)	2968	578.24	105.01	3606	54.85	582.26	93.81

일본	3893	590.79	102.32	6296	61.79	583.58	98.40
싱가 포르	5445	620.53	94.58	2782	33.82	616.45	88.26
미국	6961	491.52	91.21	3465	33.23	475.44	91.52
영국	2837	501.96	90.85	411	12.65	459.24	93.70
프랑스	4720	523.94	76.84	882	15.74	496.42	74.65
독일	4241	503.35	88.15	1007	13.09	472.93	75.68

학업수준에 따른 사교육 참여율을 보면(<표 13> 참조), 싱가폴과 우리나라는 다른 국가에 비해 성적 우수자들의 사교육 참여하는 비율이 매우 높은 것을 알 수 있다. 이러한 결과를 종합해 보면 한국, 중국은 학업성취가 이미 높은 학생들이 선행학습 등의 방법으로 성적을 유지하기 위해 사교육을 받는 수월형(enrichment)인 반면 미국 등 다른 국가들은 부족한 학습을 보충하기 위해 사교육을 받는 보정형(remedial)이기 때문이다. 즉, 학습능력이 낮은 학생들이 사교육을 받기 때문에 사교육을 받는 학생들의 학업성취수준이 낮을 수밖에 없는 것이다.

<표 13> 학업성취 수준에 따른 주요 국가별 사교육 참여율

	미국		영국		일본		싱가폴		한국	
	1995	2003	1995	2003	1995	2003	1995	2003	1995	2003
수월 수준 이상	28.2	17.9	11.2	9.6	62.4	45.1	33.4	62.9	59.0	83.7
우수 수준	29.1	22.4	7.4	16.6	67.1	46.7	35.6	79.0	42.6	73.1
보통	32.3	29.8	11.8	19.5	64.8	45.9	31.1	72.3	32.6	59.4
기초 수준	35.5	46.2	15.5	25.8	59.3	49.6	29.5	67.9	27.7	41.6
기초 수준 미달	37.8	69.9	27.3	34.8	63.1	53.1	20.0	51.9	17.8	29.2

Baker 등(2001)의 TIMSS(1995) 자료에 대한 분석을 통한 국가 수준의 사교육 변수를 발표하였다. 세계적으로 중학교 2학년 (8학년) 학생 가운데 많은 학생들이 사교육을 받고 있으나 이용하는 방법은 매우 다양한 것으로 나타났다. 41개의 국가 가운데 11개국은 20% 미만이었고 13개국은 21~40% 참여율을 보였고 11개국은 41~60% 그리고 4개국은 60~80% 그리고 콜럼비아는 80%이상의 참여율을 보였다. 주요 결론은 한국 등 몇 개의 국가

를 제외하면 사교육의 주요 목적이 학교 수업을 따라가기 어려운 학생들의 학습 보조수단(remedy)이라고 하였다.

　김진영(2007)은 1995년 TIMSS 데이터를 이용해 수학 과목의 사교육 효과에 대하여 분석한 결과 매우 유의하게 나타났다. 특히, 다른 여러 변수들을 통제하고도 수학 과외를 받은 학생들이 그렇지 않은 학생들에 비해 백분위 점수로 평균 9% 높다고 보고하였다. 사교육을 선택하는 개인적 수준에서 살펴보면 국가에 관계없이 부모의 높은 학력과 교육에 대한 관심이 사교육 참여를 높이는 요인이 되었다. 특히, 성적 향상 효과는 국가별로 큰 차이가 있는데 우리나라는 사교육효과 세계에서 가장 큰 것으로 나타났으며 사교육을 참여 학생이 비참여 학생보다 성적이 높은 국가는 41개국 중 한국, 홍콩, 루마니아, 태국, 라트비아 등 5개국에 불과하는 점을 발표하였다. 이러한 사실은 Lee(2007)의 미국과 한국의 사교육 참여 특징에 대한 국제비교연구에서도 나타난다. 많은 한국과 같은 동아시아 국가의 경우 사교육은 일류 대학에 입학시키려는 부모들의 노력, 즉 교육열 현상으로 이해되는 반면 미국과 같은 서양 국가들은 특정 시험 준비나 학업성취 향상 등을 도와주는 등 학력이 부족한 학생들을 지원하기 위한 프로그램의 형태로 나타나고 있다고 하였다.

5장

사교육과 학업성취 관련 국제 비교연구

국제비교연구에 의하면 사교육 효과에 대한 시각과 양상은 국가별 상황과 사교육의 방향과 사교육의 질, 학생들의 동기와 적성, 교육 체제의 상황과 구조에 따라 사교육 효과가 다른 모습으로 설명되고 있다. 연구에 제시된 사례를 위주로 그 학업성취 효과를 살펴보고자 한다(<표 14> 참조).

Kulpoo(1998)는 사교육의 긍정적인 효과에 관한 사례로서 모리셔스(Mauritius, 인도양의 마다가스카르에서 동쪽으로 약 800km 지점, 마스카린 제도 중앙에 있는 독립된 섬나라)의 6학년 학생을 대상으로 읽기 능력에 관련된 많은 요소들의 영향에 대해 연구하였다. 읽기 능력에 영향을 주는 요인 가운데 사교육은 가족의 관심, 숙제의 빈도, 학교의 교사, 교사-학부모의 상호관계 등과 함께 읽기 능력에 영향을 주는 영역으로 분류 되었고, 사교육은 읽기 능력에 영향을 주는 아주 강력한 요소로 제시되었다. 그러나 가정에서의 영어 사용이나 사회경제적 환경 같이 변화를 줄 수 없는 요소보다는 강력하지 않았다(Paviot et al., 2005: 16).

또한 그리스의 Polydorides(1986)는 고등학교 학업 성취에 영향을 주는 요인의 경로분석을 하였다. 이 연구에서 사교육과 학업 성취는 어느 정도 긍정적인 상관을 보였다. 그러나 요인간의 설명력은 높은 편이 아니었다. 독일의 경우에는 Hagg (2001)의 연구에서 고등학교에서 사교육을 받은 학생과 통제 집단과의 학업 성취를 비교하였다. 이 연구에서 사교육을 받은 학생이 통제집단의 학생보다 좋은 학업성취와 학습 동기 변화가 있다고 하였다. Buchmann(2002: 155)의 연구에 의하면 케냐 학생 중 사교육을 받은 학생들은 학년간 낙제의 비율을 줄이고 학업 성취의 효과를 높힌다고 하였다.

그와 반대로 다른 연구에서 사교육은 학업 성취와 관련이 없다고 보고하고 있다. 이집트 교육부(Fergany, 1994: 9) 18,000명의 초등학생을 대상으로 한 연구에서 성별, 사교육, 학교에서의 방과후학교는 학업성취에 유의미한 영향을 주지 않았다고 하였다. 싱가포르의 Cheo·Quah(2005: 276)는 사교육은 자녀들에게 과도한 부담을 줄 수 있기 때문에 상류층 가정에서는 사교육에 대한 투자를 줄이고 있으며, '일반적인 국민의 인식과는 반대로 사교육은 효과가 없다'라고 하였다. 케냐, 말라위, 잠비아, 잔지바르(Zanzibar, 동아프리카 탄자니아의 잔지바르 섬에 있는 항구도시이며 행정중심지) 등에서 실시한 Paviot(2005 : 17)등의 연구에서 사교육을 받은 학생과 사교육을 받지 않는 학생 간에 학업 성취에 유의미한 차이가 없다고 하였다. 또한 영국의 Ireson·Rushforth(2005)는 중고등학생을 대상으로 한 연구에서 사교육이 성적 향상에 미치는 영향은 그리 높지 않았으며 영향이 있다고 하더라도 여학생의 경우에는 남학생보다 거의 영향력이 없는 것으로 나타났다.

이런 사교육 효과에 관한 연구들은 사교육의 유형이 다양하고 여러 국가의 상황이 다르며, 학생의 사교육 동기도 다르기 때문에 조심스럽게 논의되어야 한다. 다시 요약하면 사교육 유형은 초등학생을 위한 일대일 개인 지도에서 중고등학생 입시 준비를 위한 집단 강의까지 매우 다양하다. 어떤 유형의 사교육은 동료 학생을 따라가기 위한 보충 지도의 성격이고, 다른 유형의 사교육은 동료보다 앞서기 위해 선행 학습을 하는 성격의 경우도 있다. 또 어떤 유형의 사교육은 정식 자격을 갖춘 강사에 의해 실시되지만, 다른 경우에는 중고등학생이나 대학생들에 의해 실시되는 경우도 있다. 즉, 사교육의 유형에 따라서 사교육 효과는 다르게 설명될 수 있다.

사교육에 대한 국제 비교연구들은 Bray 등(1999, 2003, 2008),

Biswal(1999), Foondun(2002), Nishio(2007), Silova 등(2006)의 사교육 현상에 대한 국제비교를 수행한 연구와 Baker 등(2001, 2002, 2005)과 이종재 등(2008)이 TIMSS와 PISA 등 국제수준의 데이터를 토대로 사교육 참여와 효과 등에 대한 사교육 참여 특성에 대한 국가간 비교연구를 하였다. 또한 비교적 최근의 연구로는 사교육 실태에 대한 국제비교연구를 실시한 도승이(2007)의 연구와 PISA 자료를 이용하여 사교육시간과 학업성적과의 관련성을 국제 비교한 남기곤(2008)의 연구 그리고 주요 사교육 문제에 대해 국제 비교 연구한 홍신기·권동택(2011)의 연구가 있으며, 사회 불균형 완화를 위해서 취약계층에 대한 국가의 지원 대책 등을 요구한 백일우, 박명희(2013)의 연구가 있다. 또한 사교육과 더불어 불거지고 있는 선행교육에 대한 국제 비교연구를 시도한 김현철 외(2014) 등의 연구가 있다.

먼저 각 국가의 사교육 참여 특성과 규모 등을 비교 분석한 연구들은 각 국가의 조사 시기와 표집규모, 조사 내용 등에 일치하지 않은 점이 있기는 하나, 사교육의 다양한 주제에 따른 국제비교 분석을 시도했다는 점에서 의미가 있다고 할 수 있다. Biswal(1999)은 개발도상국들이 공교육 투자의 한계로 인해 불가피하게 사교육이 확대되고 있음을 지적하고 있다. 그는 ILO(1991) 등의 조사 결과를 바탕으로 아프리카와 동유럽 등 15

개 개발도상국들의 실태를 보고하였다. 공립교사들이 부족한 봉급을 메우기 위한 방편으로 활용되고 있다고 지적하고 있다.

Foondum(2002)은 일부 동남아 국가의 사교육 실태에 대해 연구에서 사교육의 긍정적인 효과와 함께 사교육에 의한 가계의 재정적 부담과 사교육의 부작용에 대해 지적하였다. 사교육 수요자의 요구(demand factors)로는 학교에서 성취 욕구, 교수-학습과정에서 효율, 학교 및 학급 규모, 동료집단의 압력을 제시하고 있다. 사교육 참여율은 일본은 '주쿠(학원)'에 다니는 학생이 9학년에 86%에 달하며(White, 1987: 77), 스리랑카에서는 중학생의 74.5%와 대학 신입생과 고등학생의 66%가 사교육에 참여한다고 밝히고 있다(De Silva et al, 1991: 101). 이러한 현상은 사교육을 통한 학업성취에 있으며 그 관련성에 관한 연구는 다음과 같다.(<표14> 참조)

<표 14> 사교육과 학업성취 관련 국제 연구

국가	연구자 (년도)	조사 대상 (지역)	연구결과
중국 (PRC)	Zhang (2011)	25개고등학교 입학시험 (Jinan, Shandong Province.)	사교육과 학업성취 관련성은 도시지역의 낮은 성적의 학생들에게 정적관계로 나타남. 그러나 시골 지역의 중하위 학생에게는 부적관계로 나타남.

모리셔스 (Mauritius)	Kulpoo (1998)	6학년 학생	사교육은 읽기 능력에 영향을 주는 아주 강력한 요소로 제시되었음. 읽기 능력은 사교육과 함께 가족의 관심, 숙제의 빈도, 학교의 교사, 교사-학부모의 상호관계 등에 영향을 받음.
조지아 (Georgia)	Bakhutashvili (2011)	국가시험센터(2008)에서 시행한 12학년 학생	사교육과 학업성취 관련성은 유의미하게 나타남. 교과목, 삶의 경험에 영향을 받는 것으로 나타남. 기간에 있어서 짧은 기간의 사교육은 영향을 주지 않는 것으로 나타남.
인디아 (India)	Aslam & Atherton (2011)	시골지역의 2, 4학년 160개 학교 초등학생 4,000(Uttar Pradesh and Bihar)	2007/2008년 조사결과에 의하면 사교육과 학업성취(수학, 읽기) 관련성은 사교육보다는 공교육에 의해 영향을 받는 것으로 나타남.
일본 (Japan)	OECD (2011a:129)	2009 PISA	2009 PISA에 나타난 사교육과 학업성취 관련성은 정적 관계로 나타남. 월 2,000 엔에서 9,000-10,000엔으로 증가할 때 성적이 25% 상승함.
말레이시아 (Malaysia)	Tan (2011)	8개학교 7학년 1,600명 (Selangor & Kuala Lumpur)	초등학교 시기의 사교육경험과 학업성취에 대한 연구에서 6학년이 되기 3년전부터 사교육을 시작한 경우 긍정적인 영향. 그러나 그보다 더 이른 시기에 시작한 사교육은 부정적인 영향.

네팔 (Nepal)	Thapa (2011:111)	10학년 22,500명 학 생의 졸업시 험자료	공립학교에 다니는 학생들의 사 교육과 학업성취 관련성은 1.74% 사교육 참여집단이 높은 반면 사 립학교에 다니는 학생들은 차이 가 없는 것으로 나타남
파키스탄 (Pakistan)	Aslam and Atherton (2011 교육보 고서)	시골에 초등학생이 있는 19,006 가구를 대상	읽기에서는 사교육의 영향이 크 게 발견되었지만 수학에서는 덜 영향이 미치는 것으로 나타남.
싱가폴 (Singapore)	Cheo and Quah (2005)	8학년 429명의 우수학생들 대상	사교육과 학업성취 관련성이 정 적 관계로 나타났지만 시간의 변 수를 제거하자 그 효과가 낮아짐. 즉, 일정한 시간까지는 정적 영향 을 미치지만 과도한 사교육은 부 적인 영향을 미치는 것으로 나타 남.
	Cheo와 Quah (2005:276)	초·중·고	사교육은 자녀들에게 과도한 부 담을 줄 수 있기 때문에 상류층 가 정에서는 사교육에 대한 투자를 줄이고 있으며, 일반적인 국민의 인식과는 반대로 사교육은 효과 가 없게 나타남.
스리랑카 (Sri Lanka)	Gunasekara (2009)	입시준비 중 인 고등학교 3학년 대상	사교육이 학교교육보다 결정적으 로 기여하는 것으로 나타남. 결과 적으로 학교교육의 부실을 지적 하고 있음.

그리스	Polydorides (1986)	고등학교	학업 성취에 영향을 주는 요인의 경로분석한 결과, 사교육과 학업 성취는 어느 정도 긍정적인 상관을 보였으나 요인간의 설명력은 높은 편이 아닌 것으로 나타남.
독일	Hagg (2001)	고등학교	사교육을 받은 학생과 통제 집단과의 학업 성취를 비교한 결과, 사교육을 받은 학생이 통제집단의 학생보다 좋은 학업성취와 학습 동기 변화가 있는 것으로 나타남.
영국	Ireson과 Rushforth (2005)	중고등학생	사교육이 성적 향상에 미치는 영향은 그리 높지 않았으며 영향이 있다고 하더라도 여학생의 경우에는 남학생보다 거의 영향력이 없는 것으로 나타남.
이집트	Fergany, (1994:9)	18,000명의 초등학생을 대상	성별, 사교육, 학교에서의 방과후 학교는 학업성취에 유의미한 영향을 주지 않는 것으로 나타남.
케냐	Buchmann (2002:155)	초·중·고	사교육은 학년을 반복하여 이수하는 확률을 낮추고 학업 성취를 높이는 효과가 있는 것으로 나타남.
	Paviot (2005:17)	초·중·고	사교육을 받은 학생과 사교육을 받지 않는 학생 간에 학업 성취에 유의미한 차이가 발견되지 않음.

한국 사교육, 현실과 대안

베트남 (Viet Nam)	Dang (2007)	1997/98 국가 가구 통계데이터	사교육과 학업성취간에 정적 관련이 있으나 낮은 성적의 범주 학생들을 제외하고 모든 학생들에게 있어서 초등학교급보다는 중학교급에서 영향이 더 크게 나타남.
	Ha and Harpham (2005:631)	2002년 4716 가구로부터 무작위로 선정된 8세의 아동	지역, 가구의 소득, 인종 등 요안을 통제한 후 쓰기와 수학에서 집단간 차이가 발견되지 않음. 사교육을 받는 집단에서는 읽기를 하는 학생들이 두배로 증가함.
	Le and Baulch (2011)	8세와 15세의 학생	사교육과 학업성취간에 유의미한 차이가 발견되지 않음

5부

·

사교육 및
방과후학교
해외사례

사교육 국제 비교연구

　국제비교연구에 의하면 사교육에 의한 학업성취 효과는 매우 다양하게 나타나고 있다. 시각과 양상은 국가별 상황과 사교육의 성격, 사교육의 질, 학생들의 동기와 적성, 교육 체제의 상황과 구조에 따라 사교육 효과가 다른 모습으로 설명되고 있다. 연구에 제시된 사례를 위주로 사교육의 학업성취 효과를 살펴보고자 한다([표 10] 참조).

　Kulpoo(1998)는 사교육의 긍정적인 효과에 관한 사례로서 모리셔스(Mauritius, 인도양의 마다가스카르에서 동쪽으로 약 800km 지점, 마스카린 제도 중앙에 있는 독립된 섬나라)의 6학년 학생을 대상으로 읽기 능력에 관련된 많은 요소들의 영향에 대해 연구하였다. 읽기 능력에 영향을 주는 요인 가운데 사교육은 가족의 관심, 숙제의 빈도, 학교의 교사, 교사 - 학부모의 상호관계 등과 함께 읽기 능력에 영향을 주는 영역으로 분류 되었고, 사교육은 읽기 능력에 영향을 주는 아주 강력한 요소로 제시되었다. 그러나 가정에서의 영어 사용이나 사회경제적 환경 같이 변화를 줄 수 없는 요소보다는 강력하지 않았다(Paviot et al., 2005 : 16).

또한, 그리스의 Polydorides(1986)는 고등학교 학업 성취에 영향을 주는 요인에 대하여 경로분석을 하였다. 이 연구에서 사교육과 학업 성취는 어느 정도 긍정적인 상관을 보였다. 그러나 요인간의 설명력은 높은 편이 아니었다. 독일의 경우에는 Hagg(2001)의 연구에서 고등학교에서 사교육을 받은 학생과 통제 집단과의 학업 성취를 비교하였다. 이 연구에서 사교육을 받은 학생이 통제집단의 학생보다 좋은 학업성취와 학습 동기 변화가 있다고 하였다. Buchmann(2002 : 155)의 케냐 학생 비교 연구에 의하면 사교육은 학년 재수강하는 확률을 낮추고 학업 성취를 높이는 효과가 있다고 하였다.

반면, 사교육이 학업 성취와 관련이 없다고 보고하는 연구들이 있다. 이집트 교육부(Fergany, 1994 : 9)는 18,000명의 초등학생을 대상으로 한 연구에서 성별, 사교육, 학교에서의 방과후학교는 학업성취에 유의미한 영향을 주지 않았다고 하였다. Cheo · Quah(2005 : 276)의 싱가포르 사교육에 대한 연구에서 상류층 가정에서는 자녀들에게 과도한 부담을 줄 수 있기 때문에 사교육에 대한 투자를 줄이고 있으며, '일반적인 국민의 인식과는 반대로 사교육은 효과가 없다'라고 하였다. 케냐, 말라위, 잠비아, 잔지바르(Zanzibar, 동아프리카 탄자니아의 잔지바르 섬에 있는 항구도시이며 행정중심지) 등에서 실시한 Paviot et al.(2005 : 17)등의 연구에서 사교육 참여 학생과 비참여 학생 간에 학업성취에 있어서 유의미한 차이가 없다고 하였다. 또한 영국의 Ireson·Rushforth(2005)는 중·고등학생을 대상으로 한 연구에서 사교육이 성적 향상에 미치는 영향은 그리 높지 않았으며 영향이 있다고 하더라도 여학생의 경우에는 남학생보다 거의 영향력이 없는 것으로 나타났다.

　이런 사교육 효과에 관한 연구들은 사교육의 유형이 다양하고 여러 국가의 상황이 다르며, 학생의 사교육 동기도 다르기 때문에 조심스럽게 논의되어야 한다. 다시 요약하면 사교육 유형은 초등학생을 위한 일대일 개인 지도에서 중·고등학생 입시 준비를 위한 집단 강의까지 매우 다양하다. 어떤 유형의 사교육은 동료 학생을 따라가기 위한 보충 지도의 성격이고, 다른 유형의 사교육은 동료보다 앞서기 위해 선행 학습을 하는 성격의 경우도 있다. 또 어떤 유형의 사교육은 정식 자격을 갖춘 강사에 의해 실시되지만, 다른 경우에는 중·고등학생이나 대학생들에 의해 실시되는 경우도 있다. 즉, 사교육의 유형에 따라서 사교육 효과는 다르게 설명될 수 있다.

　사교육에 대한 국제 비교연구들은 Bray 외(1999, 2003, 2008), Biswal(1999), Foondun(2002), Nishio(2007), Silova 외(2006)의 사교육 현상에 대한 국제비교를 수행한 연구와 Baker 외(2001, 2002, 2005)와 이종재·이희숙(2008)이 TIMSS와 PISA 등의 국제수준의 데이터를 토대로 사교육 참여와 효과 등에 대한 사교육 참여 특성에 대한 국가 간 비교연구를 하였다. 또한 비교적 최근의 연구로는 사교육 실태에 대한 국제비교연구를 실시한 도승이(2007)의 연구와 PISA 자료를 이용하여 사교육 시간과 학업성적과의 관련성을 국제비교한 남기곤(2008)의 연구 그리고 주요 사교육 문제에 대해 국제 비교 연구한 홍신기·권동택(2011)의 연구가 있으며, 사회 불균형 완화를 위해서 취약계층에 대한 국가의 지원 대책 등을 요구한 백일우·박명희(2013)의 연구가 있다. 또한 사교육과 더불어 불거지고 있는 선행교육에 대한 국제 비교연구를 시도한 김현철 외(2014) 등의 연구가 있다.

　먼저 각 국가의 사교육 참여 특성과 규모 등을 비교 분석한 연구들은 각 국가의 조사 시기와 표집규모, 조사 내용 등에 일치하지 않은 점이 있기는 하나, 사교육의 다양한 주제에 따른 국제비교 분석을 시도했다는 점에서 의미가 있다고 할 수 있다. Biswal(1999)은 개발도상국들이 공교육 투자의 한계로 인해 불가피하게 사교육이 확대되고 있음을 지적하고 있다. 그는 ILO(1991)외의 조사 결과를 바탕으로 아프리카와 동유럽 등 15개 개발도상국들의 실태를 보고하였다. 공립교사들이 부족한 봉급을 메우기 위한 방편으로 활용되고 있다고 지적하고 있다.

Foondum(2002)은 일부 동남아 국가의 사교육 실태에 대해 연구에서 사교육의 긍정적인 효과와 함께 사교육에 의한 가계의 재정적 부담과 사교육의 부작용에 대해 지적하였다. 사교육 수요자의 요구(demand factors)로는 학교에서 성취 욕구, 교수-학습과정에서 효율, 학교 및 학급 규모, 동료집단의 압력을 제시하고 있다. 사교육 참여율은 일본은 '주쿠(학원)'에 다니는 학생이 9학년에 86%에 달하며(White, 1987 : 77), 스리랑카에서는 중학생의 74.5%와 대학 신입생과 고등학생의 66%가 사교육에 참여한다고 밝히고 있다(De Silva et al, 1991 : 101).

[표 10] 사교육의 학업성취 관련 국제 비교 선행연구

국가	연구자 (년도)	조사 대상 (지역)	연구결과
중국 (PRC)	Zhang (2011)	25개 고등학교 입학시험 (Jinan, Shandong Province.)	사교육과 학업성취 관련성은 도시지역의 낮은 성적의 학생들에게 정적관계로 나타남. 그러나 시골 지역의 중하위 학생에게는 부적관계로 나타남.

모리셔스 (Mauritius)	Kulpoo (1998)	6학년 학생	사교육은 읽기 능력에 영향을 주는 아주 강력한 요소로 제시되었음. 읽기 능력은 사교육과 함께 가족의 관심, 숙제의 빈도, 학교의 교사, 교사-학부모의 상호관계 등에 영향을 받음.
조지아 (Georgia)	Bakhutashvili (2011)	국가시험센터(2008)에서 시행한 12학년 학생	사교육과 학업성취 관련성은 유의미하게 나타남. 교과목, 삶의 경험에 영향을 받는 것으로 나타남. 기간에 있어서 짧은 기간의 사교육은 영향을 주지 않는 것으로 나타남.
인디아 (India)	Aslam & Atherton (2011)	시골지역의 2, 4학년 160개 초등학교 4,000 학생	2007/2008년 조사결과에 의하면 사교육과 학업성취(수학, 읽기) 관련성은 사교육보다는 공교육에 의해 영향을 받는 것으로 나타남.
일본 (Japan)	OECD (2011a:129)	2009 PISA	2009 PISA에 나타난 사교육과 학업성취 관련성은 정적 관계로 나타남. 월 2,000엔에서 9,000-10,000엔으로 증가할 때 성적이 25% 상승함.
말레이시아 (Malaysia)	Tan (2011)	8개 학교 7학년 1,600명	초등학교 시기의 사교육경험과 학업성취에 대한 연구에서 6학년이 되기 3년 전부터 사교육을 시작한 경우 긍정적인 영향. 그러나 그보다 더 이른 시기에 시작한 사교육은 부정적인 영향.

네팔 (Nepal)	Thapa (2011:111)	10학년 22,500명 학 생의 졸업시 험자료	공립학교에 다니는 학생들의 사 교육과 학업성취 관련성은 1.74% 사교육 참여집단이 높은 반면 사 립학교에 다니는 학생들은 차이 가 없는 것으로 나타남.
파키스탄 (Pakistan)	Aslam and Atherton (2011 교육보고서)	시골 초등학 생이 있는 19,006 가구 대상	읽기에서는 사교육의 영향이 크 게 발견되었지만 수학에서는 덜 영향이 미치는 것으로 나타남.
싱가포르 (Singapore)	Cheo and Quah (2005)	8학년 429명의 우수학생들 대상	사교육과 학업성취 관련성이 정 적 관계로 나타났지만 시간의 변 수를 제거하자 그 효과가 낮아짐. 즉, 일정한 시간까지는 정적 영향 을 미치지만 과도한 사교육은 부 적인 영향을 미치는 것으로 나타 남.
스리랑카 (Sri Lanka)	Gunasekara (2009)	입시준비 중인 고등학 교 3학년 대상	사교육이 학교교육보다 결정적으 로 기여하는 것으로 나타남. 결과 적으로 학교교육의 부실을 지적 하고 있음.
그리스 (Greece)	Polydorides (1986)	고등학교	학업 성취에 영향을 주는 요인의 경로분석한 결과, 사교육과 학업 성취는 어느 정도 긍정적인 상관 을 보였으나 요인간의 설명력은 높은 편이 아닌 것으로 나타남.

독일 (Germany)	Hagg (2001)	고등학교	사교육을 받은 학생과 통제 집단과의 학업 성취를 비교한 결과, 사교육을 받은 학생이 통제집단의 학생보다 좋은 학업성취와 학습 동기 변화가 있는 것으로 나타남.
영국 (U.K)	Ireson과 Rushforth (2005)	중·고등 학생	사교육이 성적 향상에 미치는 영향은 그리 높지 않았으며 영향이 있다고 하더라도 여학생의 경우에는 남학생보다 거의 영향력이 없는 것으로 나타남.
이집트 (Egypt)	Fergany, (1994:9)	18,000명의 초등학생을 대상	성별, 사교육, 학교에서의 방과후 학교는 학업성취에 유의미한 영향을 주지 않는 것으로 나타남.
케냐 (Kenya)	Buchmann (2002:155)	초·중·고	사교육은 학년을 반복하여 이수하는 확률을 낮추고 학업 성취를 높이는 효과가 있는 것으로 나타남.
	Paviot et al. (2005:17)	초·중·고	사교육을 받은 학생과 사교육을 받지 않는 학생 간에 학업 성취에 유의미한 차이가 발견되지 않음.
베트남 (Viet Nam)	Dang(2007)	1997/98 국가 가구 통계데이터	사교육과 학업성취간에 정적 관련이 있으나 낮은 성적의 범주 학생들을 제외하고 모든 학생들에게 있어서 초등학교급보다는 중학교급에서 영향이 더 크게 나타남.

한국 사교육, 현실과 대안

베트남 (Viet Nam)	Ha & Harpham (2005:631)	2002년 4716 가구 로부터 무작 위로 선정된 8세의 아동	지역, 가구의 소득, 인종 등 요안을 통제한 후 쓰기와 수학에서 집단 간 차이가 발견되지 않음. 사교육을 받는 집단에서는 읽기를 하는 학생들이 두 배로 증가함.
	Le & Baulch (2011)	8세와 15세 의 학생	사교육과 학업성취 간에 유의미한 차이가 발견되지 않음.

방과후학교 해외 연구

　방과후학교의 교육적 효과에 대한 국외학자들의 의견은 다양하다. 방과후학교에 대한 이론적 근거가 아직 분명하게 확립되지 못한 이유 때문이기도 하다. 또한 방과후학교에 참여하는 학생들의 집단 특징은 주로 낮은 소외계층의 경우가 많게 나타나기 때문에 서구사회에서 수행된 연구들은 방과후학교 효과는 대개 중산층보다는 저소득층 혹은 소외계층 학생들을 중심으로 나타나는 연구들이 대부분이다(Afterschool Alliance, 2004; Bergin et al., 1992; Bouie, 2006; Posner & Vandell, 1994).

　Bergin et al. (1992)은 정부보조금을 지원받는 저소득층 가정의 5~9세 어린이들을 대상으로 한 HELP(Hilltop Emergent Literacy Project) 프로그램이 소외계층 학생들의 인지적 발달에 미치는 영향을 분석하였다. 흑인이거나 대부분 한부모 가정 학생들을 대상으로 실시된 방과후학교의 효과를 살펴본 결과, 실험집단에 속한 유치원 학생들이 통제집단학생들에 비해 표준화 시험에서 더 좋은 성적을 보이고 있음을 밝혔다. 그리고 이러한 효과는 시간이 흐르면서 좀 더 안정된 모습을 보였다.

Afterschool Alliance(2004) 연구는 캘리포니아에서 도심 지역의 초·중등 빈곤 학생들을 대상으로 실시되었다. AESP(After school Evaluation and Safety Program) 역시 Bergin et al. (1992)와 유사한 연구결과를 보고하였다. 또한 Mahoney et al. (2005)는 초등학생을 대상으로 수행된 연구에서 방과후학교에 참여한 1~3학년의 저소득층 소수 민족 아동들은 방과후시간을 혼자 보낸 학생들에 비해 여타 변인들을 통제한 후에도 읽기 학업성취와 교육포부 등에서 더 좋은 결과를 보여주었다. Vandell, Reisner & Pierce(2007)는 초·중등학생을 대상으로 수행된 연구에서양질의 방과후후학교 프로그램에 꾸준히 참여하는 것은 학업성취 향상은 물론 소외계층 학생들의 문제 행동 감소 및 학습 습관 개선에도 도움이 되는 것으로 드러났다.

이와 같은 연구결과들은 대부분 방과후프로그램이 저소득층이나 소외계층 학생들에게 나름대로 긍정적인 효과를 발휘할 개연성이 있음을 시사해주고 있다. 사실 서구사회에서 방과후 프로그램의 발전은 저소득층 또는 소외계층 학생들의 요구와

한국 사교육, 현실과 대안

함께했다고 할 수 있을 만큼, 주된 수혜자는 소외계층 아동들이었다. 이처럼 방과후 프로그램참여의 효과가 소외계층 아동들에게 보다 강력하게 나타나는 이유는 방과 후에 이들이 보내는 시간의 '질'과 관련이 깊다. 소외계층 아동들의 경우 일상생활을 영위하는 거주지 환경이 중산층아동들보다 안전하지 못한 경향이 있고, 방과 후에 방치될 가능성이 더 크다. 이러한 이유로 소외계층 아동들의 방과후시간을 보다 체계적으로 관리할 필요성이 대두되었는데, 방과후학교 프로그램의 효과가 중산층에 비해 저소득층 아동들에게서 보다 뚜렷하게 나타나는 이유가 된다고 볼 수 있다(Miller, 2003; Cosden, Morrison, Albanese & Macias, 2001).

반면, Redd et al.(2002)도 12개 방과후학교 프로그램의 효과를 검토한 연구에서 방과후학교 프로그램의 목표와 시행 기간이 지나치게 다양하여 학업성취 향상 효과에 대해 분명한 답을 얻기 어렵고, 프로그램마다 도출된 성과에 상당한 편차가 존재한다고 발표했다. McComb and Scott-Little(2003)은 27개 방과후학교 효과 연구를 검토한 후 발표한 연구에서 방과후 프로그램마다 내용, 규모, 목표가 매우 다를 뿐만 아니라 그 효과를 검증했던 연구들의 연구 설계도 다르기 때문에, 방과후 프로그램의 효과에 대해 명확한 답을 제시하기가 어렵다고 밝혔다. 반면,

Lauer et al. (2006)은 방과후학교의 효과가 읽기와 수학 영역에서 크지는 않지만 통계적으로 유의미한 긍정적(positive)인 효과를 보인다고 주장하였다.

　　방과후학교는 단순히 소외계층 학생들에게 프로그램을 제공하는 수준 그 자체가 반드시 긍정적 효과를 보장해주는 것이 아니라 양질의 프로그램이 제공되었을 때 의미 있는 변화를 기대할 수 있다는 점을 알 수 있다. 방과후 프로그램이 성과를 거두기 위해서는 정규 교육과정에 비해 좀 더 수요자 중심적인 접근을 취할 필요가 있다고 보는 이유이기도 하다(Bergin et al., 1992).

한국 사교육, 현실과 대안

3장

핀란드의 방과후 활동

핀란드는 OECD 국가들 가운데 학생들이 학교에 머무는 시간이 가장 짧은 나라 가운데 하나이다. 학생들은 학교가 끝난 뒤에 학과 공부가 아닌, 여러 가지 활동을 한다. 우리나라의 '방과후학교'처럼 핀란드에도 '방과 전후 활동(Morning and after- noon activity)'이 있지만 정규 교육과정을 되풀이하면서 시험공부를 하는 학과위주가 아니라 활동위주의 프로그램이 운영된다.

탐페레(Tampere) 시의 '방과후클럽 활동'을 가서 살펴볼 기회가 있었다. 핀란드의 '방과후활동'은 청소년 법이 규정한 가치들을 실현하기 위한 과정으로 공동체 정신과 적극적인 시민의식을 길러 주기 위한 목적으로 이루어진다. 1~2학년을 위한 '방과후활동'의 운영은 국가교육청이 책임지고, 3~9학년까지 학생들을 위한 '방과후클럽'들은 교육부 장관실 직속 부서나 광역 주당국에서 책임지고 운영한다.

핀란드에서는 초등학교 1~2학년만 학교 안에서 방과후활동을 하도록 법으로 정하고 있다. '방과후활동'은 정규교육과정이 다르게 운영되기 때문에 정규 교사가 참여할 수도 없고 '방과후활동' 지도 자격을 가진 전문가가 주도하여 운영하되, 보조교사가 참여할 수 있게 한다.

3~9학년 학생들은 스포츠 클럽이나 문화 예술, 취미 클럽 등 '방과후클럽'에 참여할 수 있다. '방과후클럽'을 운영하는 사람들은 주 정부의 스포츠 청소년국에 예산 지원을 요청할 수도 있다. 주 정부가 예산을 지원하는 까닭은 체육 활동을 권장하거나 청소년들에게 문화 능력을 비롯한 여러 가지 솜씨를 길러 주려는 데 있다. 2006년의 경우 클럽 활동 지원과 같은 지방 청소년 서비스에 110만 유로, 스포츠 서비스에 60만 유로가 책정 되어 구석구석에서 있는 1500여 개의 '방과후클럽'이 정부의 지원금을 받았다고 한다.

활동위주의 방과후 프로그램에도 불구하고 노상 세계 1위를 차지하는 학력의 힘은 어디에서 오는 것일까? 핀란드에서는 뒤처지는 학생이라고 하더라도 교사로부터 적절한 도움을 받으면 충분히 따라올 수 있다고 믿는다. 학업 부진은 일시적인 것이지 타고난 능력 부적으로 말미암은 것은 아니라는 것이다. 실제로 핀란드의 PISA 결과를 보면, 6단계의 성취도 수준 중 가장 낮은 1수준 미만의 학생 비율은 0.5%(OECD 국가 평균 5.2%)에 불과하다.

　핀란드가 우리나라처럼 대학이 서열화 되어 있지는 않지만 인기학과에 입학하기 위해서는 10대 1이상의 치열한 경쟁을 통과해야 한다. 그럼에도 불구하고 재수생을 위한 학원은 존재하지 않는다. 고등학교를 마치고 자신이 원하는 대학에 들어가지 못했을 경우에도 학생들은 학교에서 자신에게 필요한 과목을 수강하며, 홈스쿨링을 하는 학생들도 학교를 통해 지원받고 있다. 학교가 배움의 장소라는 인식이 강하기 때문에 사교육의 필요성을 느끼지 못한다. 핀란드 인들의 학교 역할에 대한 인식은 수준에 따라 반 편성을 해서 가르친다고 해도 상급반에 들어가기 위해서 더 열심히 과외를 받고 하급반에 가는 것을 부끄럽게 생각하지 않는다.

스웨덴의 방과후학교 레저타임 센터

　　아동의 교육복지의 가장 좋은 모델이 되고 있는 스웨덴은, 세금 및 공공서비스 등을 통해 가족을 지원하는데 3.2%를 사용하고 아동보육 및 유아교육에 0.95%를 사용하여 OECD 국가 중 매우 높은 편이다. 교육복지의 목표를 아동발달과 학습 촉진과 맞벌이 부모들에 대한 지원으로 밝히고 있는 스웨덴의 우리나라의 방과후학교에 해당하는 레저타임센터(The LeisureTime Centre)를 살펴보고자 한다.

　　스웨덴의 레저 타임 센터는, 취학 아동 보육의 가장 보편적 형태이다. 학교에 가지 않는 날이나 부모가 일하거나 공부하는 동안에 아동들은 레저타임센터를 이용할 수 있다. 대부분 6~9세 아동들이 휴일에도 운영이 되는 레저 타임센터를 이용한다. 부모는 자녀를 위해 레저타임센터에 등록을 하고 지방정부가

정한 일정 회비를 매달 지불한다. 학부모들이 부담해야 하는 회비는 전체 비용의 약 10%이다.

레저타임센터는 보통 월~금요일까지 운영되며, 시간은 부모의 직장시간에 맞춰 스케줄이 짜여진다. 아침 일찍 오는 아이들에게는 아침식사가 제공되고, 점심은 물론 오후에는 간단한 간식도 제공된다. 아동들은 레저타임센터가 마련한 다양한 그룹활동을 한다. 보통 한 그룹의 학생 수는 30명 정도이며, 교사 수는 주로 그룹당 2~3명이 배정되어 팀으로 활동한다.

레저타임센터는 학교 안에 있기 때문에 학교장의 책임하에 있다. 활동도 학교 교육과 연관이 많으며, 정규 학교 커리큘럼을 적용하고 있다. 활동은 아동의 경험, 필요, 관심에 따라 달라지지만 놀이와 창작활동이 많다. 레저타임센터와 정규 학교는 협력하며 운영되고 있어 레저타임센터 교사는 학교와 방과후 활동 양쪽에서 일을 한다. 레저타임센터는 아동이 경험을 통해서 탐구하고, 실험하며, 실질적인 도움을 받을 수 있도록 한다.

5장

독일의 온종일 학교(All-day School)

독일에서 온종일 학교는 개혁지향적인 교육문제 토론에서 단골메뉴로 등장했다. 특히 2003년과 2004년 온종일학교에 관한 논문과 전문서적이 전례 없이 폭발적으로 발행되었다. 이 때문에 온종일학교는 많은 사람의 관심의 대상이었다. 온종일학교 수도 2002년 4951개에서 2005년 8226개로 크게 늘어났다. 4년 사이에 66%가 성장했다. 2007년 온종일학교 교육프로그램에 관한 조사결과 초등학교 3학년의 41%, 중등학교 5학년의 70%, 7학년의 63%, 9학년의 51%가 과외 활동에 참여했다.

이런 발전은 '교육과 육아를 위한 미래(Zukunft Bildung und Betreuung·IZBB)'라는 투자 프로그램의 덕이 컸다. 독일 연방정부는 2003년부터 2009년까지 온종일학교 발전을 위한 기금으로 40억 유로를 주정부에 제공하고 있다. 연방정부의 재정적 지원은 주정부가 1990년대 이후부터 수많은 정책을 개발해 온종일 학교의 질적·양적 성장에 가장 큰 밑거름이 되고 있다. 최근 독일 정부가 발간한 아동과 청소년에 관한 보고서를 살펴보면 온종일학교의 목표 지향점을 엿볼 수 있다.

우선, 청소년의 교육역량을 개발하고, 가정환경으로 인한 교육적 불이익을 없애는 데 두고 있다. 최근 이런 문제를 둘러싸고 열띤 토론이 오가고 있는데 이는 독일이 OECD 국제학생성취도평가에서 낮은 평가를 보였기 때문으로 풀이된다. 학생의 숙제를 도와주거나 소외된 학생들을 돕는 지원 프로그램과 같은 온종일 학교에서 제공하는 과외 활동이 결국은 학습 성과를 확대시키고, 성취도 평가도 향상시킬 것으로 기대하고 있다.

또한, 온종일학교 교육은 청소년의 심리사회적 건전한 발달을 도모하며, 사회로 건전한 통합을 모색한다. 최근 몇십 년 동안 아동과 청소년의 삶의 환경은 크게 변했지만 교육의 여건은 따라가지 못하고 있다. 부모로부터 받는 교육의 질적 수준은 한계가 있고, 이웃 간의 협력 및 지원체계도 붕괴되고 있고, 아동의 일상생활도 갈수록 고립되어 가는 것도 사회적 경험과 접촉을 감소시키는 이유로 설명되고 있다. 사회 통합에 앞서 사전 처방책으로 온종일학교 교육이 더욱 필요한 역할을 하고 있다.

6장

미국 위스컨신의 FAST 방과후 프로그램

미국의 위스콘신주(州)에 FAST(Families and Schools Together) 프로그램이 있다. 아이와 부모가 함께하는 일종의 방과후 활동이다. 사회적 자본을 형성할 수 있는 토대를 마련한다는 점에서 독특하다. 1988년 위스콘신대학의 메디슨 가족센터에서 린 맥도널드에 의해 가족치료 및 이론을 바탕으로 개발된 것이다. 현재는 FAST 국가훈련·평가센터를 중심으로 미국 40개 주의 600여 개 학교들이 활발히 참여하고 있다.

초기에는 유치원, 초중등학교의 알코올 및 약물남용, 학교 부적응, 청소년 범죄와 관련된 문제 있는 아동들을 대상으로 하였다. 그러나 최근 들어 일반학생을 대상으로 예방차원 프로그램을 실시하고 있다. 학교나 다른 적당한 장소에서 일주일에 1~2회 부모와 아동이 함께 프로그램에 참여한다. 이 기회를 통해 학교는 학부모들에게 이해를 구하고, 학부모는 아동에 대한 상담의 기회를 얻게 되어 긍정적인 평가를 받고 있다.

프로그램의 첫째 목적은 가족기능 향상에 있다. 부모가 자녀와 원만하게 관계 형성을 할 수 있도록 기술을 훈련한다. 둘째 목적은 아동이 학교생활에 잘 적응하도록 하는 것이다. 부모로 하여금 교육과정에 적극적으로 참여하도록 하고 학교에 대한 긍정적인 태도를 갖게 한다. 셋째는 가족에 의한 아동학대 방지를 목적으로 한다. 아동학대가 미치는 부정적 영향을 교육하고 필요시 적절한 사회서비스를 받을 수 있도록 한다. 넷째, 부모와 아동이 일상생활에서 경험하는 스트레스를 줄여준다. 부모에게 지속적인 지지 집단을 만들어 주는 등 지역사회와 연계할 수 있도록 한다.

8~10주 회기의 FAST 프로그램은 봉사활동, 다른 가족과 집단활동, 특별한 회합 등 으로 구성되어 있다. 한 회기에 최대 20가족을 대상으로 훈련받은 진행요원들이 가족구성원 간의 유대와 가족과 학교 간의 유대를 강화하기 위한 프로그램을 실시한다. 연구결과에 따르면 FAST 프로그램이 가족, 학교, 지역사회에 대한 영향력이 상당히 큰 것으로 나타났다.

프로그램에 참여한 아동들의 학업성취도, 사회적 기술과 집중력이 향상되었다. 반면 공격성, 분노, 우울증과 같은 문제행동이 감소하였다. 가정생활에서 가족 간 사회적 기술과 협동심이 향상되었다. 가족들의 부정적 문제행동이 줄어들었으며 가족 간 갈등도 줄어들었다. 무엇보다도 프로그램을 통해 가족에 대한 사회적 지원이 향상되었다. 지역사회에서 부모의 지도력을 발휘할 기회가 늘어났으며, 이웃 간에 발생하는 범죄행동과 학대 문제 등 청소년 범죄가 줄어들었다.

7장

OECD가 주목하는 방과후학교
(Out-of-School-Hours)

OECD에서 방과후학교(OSH·Out-of-School-Hours)에 대한 관심이 증가하고 있다. 2007년 9월, 필자를 포함한 방과후학교 연구팀은 스페인 발렌시아에서 개최된 OECD IMHE 학회에서 우리나라 사례를 소개한 바 있다. 부산의 남구사례와 원주 연세 대 캠퍼스의 방과후학교 캠프를 소개해 관심을 받았다. 그때만 해도 OECD 교육국에서 방과후학교에 대한 조사나 연구는 드물었다.

OECD 국가에서 방과후학교 프로그램을 지원하는 목적은 유사하다. 여성의 사회진출로 인해 필요해진 보육기능을 지원하고 아동의 조화로운 사회화 및 학업에 대한 지원이 주된 관심이다. 방과후학교 프로그램도 비슷하다. 학교가 파한 후에 아이들은 학교 혹은 청소년 센터에 마련된 방과후학교 프로그램에 참여해 학교숙제를 하거나 취미 및 여가 활동을 하고 스포츠 활동도 즐긴다.

그러나 방과후학교에 참여하는 비율은 나라별로 다르다. 에스토니아와 헝가리는 초등학생의 40%, 덴마크나 스웨덴은 55% 이상이다. 반면, 오스트리아, 독일, 폴란드, 스페인 등과 같은 국가들은 10% 미만에 불과하다. 아동의 연령대에 따라 참여율도 차이가 있다. 보통 6~8세 아동들이 가장 많이 참여하는데, 덴마크와 스웨덴의 경우에는 80% 이상이 참여하는 것으로 나타났다.

방과후학교에 투자하는 공적 자금은 국가마다 격차가 매우 크다. 스웨덴은 70억 유로(약 112억원)를 투자하고 있지만, 다른 유럽의 국가들은 1백만 유로(약 2억6100만원)에 불과하다. OECD 국가들이 방과후학교에 대한 관심이 증가하자 교육국은 2005년부터 2009년에 걸쳐 질문지를 각국에 보내 실태를 파악하고 있다. 2009년에 우리나라도 이 조사에 참여한 바 있어 그 결과가 주목된다.

방과후학교 운영에 필요한 재원의 출처에 따라 두 가지 모델로 나뉜다. 하나는 부모 개인 재원을 최대한 활용하는 미국과 영국의 모델이다. 이 경우 방과후학교 운영의 목적은 취약한 환경의 아이들의 안전에 있다. 국가는 교육시설 투자정책을 지원하며, 부모에게 이런 사설 기관을 이용하도록 권장한다. 또 다른 하나는 국가가 최대한 재원을 투자하는 스웨덴 등 스칸디나비아 국가 모델이다. 교육문제가 국가의 공동 목표이며 여성의 사회참여를 적극 권장하니 최대한 지원을 한다. 호주, 캐나다, 프랑스의 경우에는 연령에 따라 두 모델을 적절히 정책에 반영하기도 한다.

강영혜(2008), 사교육의 실태와 대처 방안, 한국교육개발원. : OR2008-05-16 (OR)

강창동(2007), 한국의 편집증적 교육열과 신분 욕망에 대한 사회사적 고찰, 한국교육인류학회 학술대해논문집(2007), 25-53.

강창희(2012), '학교교육 수준 및 실태분석 연구 : 중학교' 자료를 이용한 사교육비 지출의 성적 향상 효과 분석, 한국개발연구, 34(2), 139-171.

강창희 · 이삼호(2010), 사교육에 대한 경제학적 분석 및 정책 제언, 한국교육개발원.

공은배(1985), 교육의 소득결정력과 소득분배(RR85-17), 한국교육개발원.

김경근(2005), 한국사회 교육격차 실태 및 결정요인, 교육사회학연구, 15(3), 1-27.

김경근(2008), 한국사회의 대안교육 수요 결정요인, 한국교육학연구, 14(1), 45-70.

김경근 · 황여정(2009), 중학생의 방과후학교 참여 결정요인, 교육사회학연구, 10(2), 31-57.

김경식(2003), 학교 학업성적에 대한 과외학습의 효과, 교육사회학연구, 13(3), 21-42.

김기헌(2007), 그림자교육(Shadow Education) : 사교육 효과에 대한 종합분석, 제4회 한국청소년패널 학술대회 논문집, 25-46.

김동욱 · 김현철 · 윤유진(2014), 2014 사교육비 및 의식조사, 성균관대학교 사교육 정책중점연구소.

한국 사교육, 현실과 대안

김동욱 · 윤유진 · 남진현(2012), 영어사교육 참여 및 영어사교육비 지출에 영향을 주는 변인분석, 외국어 교육, 19(3), 285-313.

김동일 · 김영식 · 김경선(2011), 고등학교 시기의 사교육 경험이 대학생의 사교육 참여 및 사교육비 지출에 미치는 영향 분, 아시아교육연구, 12(4), 293-314.

김명랑 · 권재기 · 박인우(2014), 방과후학교 참여 및 EBS 시청이 고등학생의 사교육비 지출에 미치는 영향 : 선형성장모형을 통한 종단 연구 자료 분석, 교육방법연구, 26(4), 771-789.

김미란(2005), 교육생산함수의 추정 : 학업성취도에 대한 회귀분석, 제1회 한국교육고용패널 학술대회 발표논문, 401-415.

김민성 · 김민희(2010), 고등학교 내신 성적에 대한 사교육비 지출의 효과, 국제경제연구, 16(2), 139-158.

김병모(2007), 교육 수요자-공급자 관점에서 EBS수능강의의 효과 인식에 대한 질적 연구 : 초록고등학교 사례를 중심으로, 한국교육학연구, 13(2), 229-255.

김병모(2009), EBS 수능강의 정책 대상집단에 대한 문화기술적 연구, 교육정치학연구, 16(1), 7-33.

김성식(2012), 학생 배경과 방과후활동에 따른 초등학생의 학교 적응도 차이 분석, 교육사회학연구, 22(3), 27-47.

김성연(2013), 사교육이 국어와 수학 성취도에 미치는 영향 : 다변량 다층 성장 모형을 중심으로, 중등교육연구, 61(3), 685-710.

김성훈(2003), 학업성취 등급 자료의 맞춤분석을 위한 로지스틱 회귀모형의 적용, 교육평가연구, 16(1), 201-220.

김수혜 · 김경근(2010), 세대 간 지위이동 결정요인이 구조적 관계 : 사교육 및 어학연수의 효과를 중심으로, 교육사회학연구, 20(3), 1-26.

김은정(2007), 가정의 사회경제적 지위, 사교육비, 부모-자녀 관계 그리고 청소년 자녀의 학업성취 간의 관계에 관한 연구 : 부모-자녀 관계의 매개역할을 중심으로, 한국사회학, 41⑸, 134-162.

김정숙⑵009), 대졸자들의 취업준비 활동의 차이 및 직업이행 효과, 교육과학연구, 40⑴, 141-165.

김지경⑵004), 미취학 자녀의 사교육 이용여부 및 비용의 결정요인, 소비자학연구, 15⑶, 67-86.

김지하 · 김정은⑵009), Propensity Score Matching 방법을 사용한 사교육 유형별 효과 분석, 교육재정경제연구, 18⑶, 63-87.

김지하 · 백일우⑵006), 외국의 사교육 현상에 대한 고찰 및 정책적 시사점, 교육학연구, Vol. 44 No. 3, 131-160.

김진영⑵007), 고3수험생들의 시간활용과 사교육의 효과, 한국교육, 34⑷, 57-78.

김진영⑵007), 국제비교를 통해 본 사교육의 원인과 결과, 공공경제, 12⑵, 119-151.

김진영⑵011), 사교육 의존도의 심화와 교육기회 불균등문제 극복을 위한 정책과제, 응용경제, 13⑵, 191-239.

김진영⑵012), 성적향상도로 본 방과후학교와 사교육의 상대적 효율성, 재정학연구, 5⑶, 1-32.

김진영 · 오준범⑵015), C : 인적자본의 형성과 재정정책-중회의실B : 패널자료를 통해 본 사교육의 장기적 효과, 한국재정학회 학술대회 논문집, 2015⑴, 281-303.

김태균⑵008), 가족 내 사회적 자본과 청소년의 학업성취와의 관계 : ARCL모델을 적용한 종단연구, 청소년학연구, 15⑴, 59-80.

김태일⑵005), 고등학교 때 사교육이 대학 학업 성취도에 미치는 효과 분석 : 사교육의 '인적자본효과'와 '대학진학효과'에 대한 논의, 敎育學硏究, 43⑶, 29-56.

김한구 · 유한구 · 남궁지영⑵004), 일반계 고등학교 교육 실태 및 수준 분석 연구,

한국교육개발원.

김해동(2001), 인적자원개발지표 및 지수, 한국직업능력개발원.

김현진(2007), 가정배경과 학교교육 그리고 사교육이 학업성취에 미치는 영향 분석, 교육행정학연구, 25(4), 485-508.

김현철 · 윤유진(2010), EBS 사교육 절감효과, 사교육정책중점연구소.

김호 · 김재철(2012), 방과후학교 참여가 아동의 학업 성취에 미치는 영향, 순천향 인문과학논총, 31(2), 172-199.

김희삼(2010), 학업성취도, 진학 및 노동시장 성과에 대한 사교육의 효과 분석, 2010-05 연구보고서, 한국개발연구원.

김희삼(2012), 학업성취도 분석을 통한 초중등교육의 개선방향 연구, 한국개발연구원.

김희삼(2015), 사회 이동성 복원을 위한 교육정책의 방향, KDI 포커스, 통권 제54호.

김희삼 · 이삼호(2007), 고등교육의 노동시장 성과와 서열구조 분석, 한국개발연구원.

남기곤(2008), 사교육 시간과 학업성적과의 관련성 : PISA 자료를 이용한 국제비교 분석, 한국경제학보, 15(1), 55-90.

남춘호(2003), 교육불평등과 노동시장, 지역사회학, 4(2), 5-43.

나병현(2002), 공교육의 의미와 교육의 공공성 문제, 한국교육, 29(2).

도승이(2007), 사교육 실태 국제 비교연구, 사교육정책중점연구소.

도승이 · 김성식(2014), 중학생 학업성취도에 대한 사교육 및 자기조절학습의 효과 분석, 교육학연구, 52(1), 59-87.

도승이 · 박은희(2007), 사교육의 개념 및 분류체계 연구, 사교육정책연구소.

류방란 · 김성식(2006), 교육격차와 학교교육의 기능, 한국교육개발원.

류한구 · 김양분 · 강상진 · 남궁지영(2004), 국가 수준의 종단적 교육 조사 모형 개발, 연구보고 RR2004-4, 한국교육개발원.

문숙재 · 양정선 · 이성은(2007), 다자녀 가족의 인적자본 투자에 관한 질적연구, 한
국가정관리학회지, 25(4), 43-57.

문지영 · 김현철 · 박혜연(2018), 사교육비 및 사교육참여율에 대한 방과후학교의
효과, 교육행정학연구, 36(1), 329~354.

민경석(2008), 자아 존중감에 대한 경향점수를 이용한 평준화 효과 분석, 교육평가
연구, 21(3), 1-21.

박가열 · 천영민(2009), 대졸자 취업 영향요인 분석, 고용과 직업연구, 3(1), 29-59.

박광현(2013), 사교육 경감 정책 효과 분석 : EBS 교육방송과 방과후학교를 중심으
로, 교육사회학연구, 23(3), 111-138.

박남수 · 박서홍(2010), 중학생의 학업적 자기개념과 부모의 교육기대수준에 따른
영어교과 사교육 효과 분석, 미래교육연구, 23(1), 35-36.

박도영 · 박정 · 김성숙(2001), 중학교 수학, 과학 성취도에 대한 학교-학생 수준 배
경변인들의 효과, 교육평가연구, 14(1), 127-149.

박명희(2005), 초등학교영어교육에 대한 학부모의 인식과 요구 분석, 숙명여자대학
교 대학원, 석사학위논문.

박미희 · 여정성(2000), 개인과 가계의 사교육비 지출 및 유형 분석, 대한가정학회
지, 38(12), 189-206.

박소영(2008), 방과후학교와 EBS 수능강의의 사교육비 경감 효과, 교육행정학연
구, 26(1), 391-411.

박순흥 · 한기순(2013), 사교육과 영재교육 참여경험이 중학생의 수학성취도에 미
치는 영향, 영재교육연구, 23(1), 49-65.

박정주(2011), 사교육 참여와 사교육의 주관적 학업성취도 향상효과 간의 자기회귀
교차지연 효과 검증, 교육행정학연구, 29(3), 149-168.

박철성(2011), 학부모의 학교 교육에 대한 만족도와 사교육 수요의 결정 요인에 관

한국 사교육, 현실과 대안

한 연구, 한국경제의 분석, 17⑴, 73-119.

박현정(2010), 학생들의 사교육 참여와 수학 성취도 및 수학 수업이해도간 관계에 대한 종단적 분석, 교육평가연구, 23⑷, 887-907.

박현정 · 길혜지(2013), EBS 수능강의 수강이 교육격차 감소와 학교수업태도 향상에 미치는 효과 분석, 교육평가연구, 6⑸, 1115-1141.

박현정 · 변종임 · 조순옥 · 최종철 · 김인숙 · 박효진 · 노희준 (2009), 2009년 방과후학교 운영 실태 조사 및 성과 분석 연구, 한국교육개발원.

박현정 · 상경아 · 강주연(2008), 사교육이 중학생의 학업성취에 미치는 효과, 교육평가연구, 21⑷, 107-127.

박현정 · 신택수 · 하여진 · 이준호(2011), 사교육비 지출의 변화 패턴과 관련 특성 분석, 교육평가연구, 24⑵, 291-316.

박현정 · 정동욱 · 이진실 · 박민호 · 조성경(2013), 서울시 초 · 중등교육의 교육격차 구조요인 분석, 교육행정학연구 13권 4호, 149~174.

반상진 · 정성석 · 양성관(2005), 과외가 학습 성취에 미치는 영향 분석, 제1회 한국교육고용패널학술대회 논문집, 493-530, 서울 : 한국직업능력개발원.

반재천 · 김선(2009), 입학사정관제에서 의사결정의 정확률 및 성공비율 추정을 위한 로지스틱 회귀분석의 적용, 교육평가연구, 22⑵, 429-450.

방하남 · 김기헌(2001), 변화와 세습 : 한국 사회의 세대간 지위세습 및 성취구조, 한국사회학, 35⑶, 1-30.

방하남 · 김기헌(2002), 기회와 불평등 : 고등교육 기회에 있어서의 사회계층 간 불평등의 분석, 한국사회학, 36⑷, 193-222.

배상훈 · 김성식 · 양수경(2010), 방과후학교 참여와 사교육비 지출 및 학업성취 수준과의 관계, 교육행정학연구, 28⑵, 55-79.

백순근 · 길혜지 · 홍미애(2013), EBS 강의가 고등학생의 교과별 사교육비와 영역별 수능 성적에 미치는 영향, 아시아교육연구, 14⑴-45, 137-162.

백순근 · 길혜지 · 윤지윤(2010), EBS강의 수강 시간이 사교육비에 미치는 영향 : 국어, 수학, 영어, 교과별 비교를 중심으로, 아시아교육연구, 11⑷, 223-247.

백일우(1999), 입시과외수요 결정요인에 관한 연구, 敎育行政學硏究, 17⑷, 117-136.

백일우 · 박명희(2013), 세계 사교육시장과 정책 동향 분석, 비교교육연구, 23⑹, 1-34.

변수용 · 김경근(2010), 중학생의 방과후학교 참여가 사교육 수요에 미치는 영향, 교육사회학연구, 20⑶, 51-81.

변수용 · 황여정 · 김경근(2011), 방과후학교 참여가 학업성취에 미치는 영향, 교육사회학연구 (KOR)제 21권 제 2호, 57-85.

상경아(2005), 고등학생의 과외 효과에 관한 연구 : 수학 교과를 중심으로, 서울대학교, 박사학위논문.

상경아(2006), 다층모형을 적용한 과외 효과의 종단적 분석, 한국교육, 33⑴, 153-172.

상경아(2009), 경향점수를 이용한 결합표집 방법에 의한 사교육 효과 분석, 교육평가연구, 22⑶, 717-735.

상경아 · 백순근(2005), 고등학생의 수학 과외가 학업성취도, 태도, 자기조절학습에 미치는 영향, 교육평가연구, 18⑶, 39-57.

서근원(2008), 교육열의 의미에 관한 한 해석 : 사회적 상황의 변화와 관련해서, 교육인류학연구, 11⑴, 177-201.

서울대 대학생활문화원(2013), 2013학년도 신입생 특성조사 주요결과, 보도자료 2013년 7월.

성기선(2003), 서울시 고등학교 학군효과 분석 연구, 교육사회학연구, 13⑵, 151-166.

성낙일 · 홍성우(2009), 우리나라 사교육비 결정요인 및 경감대책에 대한 실증분석,

응용경제, 10⑶, 183-212.

성웅현(2002), 로지스틱 회귀모형을 이용한 범주형 자료분석, 마케팅과학연구추계 논문집, 585-602.

손경애(1993), 고교생 과외의 실태와 주요요인, 경희대학교 교육문제연구소 논문집, 9, 73-89.

송승연 · 황우형(2008), EBS 수능강의 이용실태 및 사교육 격감에 미친 영향 : 수리 영역을 중심으로, 교과교육연구, 1⑴, 95-115.

신도철(1998), 우리나라 교육서비스 시장에서의 소비자주의, 소비자학연구, 9⑶, 91-115.

신혜진(2017), 서울시 학부모의 사교육비 지출의 종단적 분석-중학교시점이후 6개 년간 추이를 중심으로-, 교육행정학연구, 35⑷, 259~285.

심은석 · 박균달 · 김현진(2013), 서울시 초중고등학교 학생의 방과후학교 참여가 사교육비 경감에 미치는 효과, 중등교육연구, 61⑵ 361-388.

안미란(2009), 서울 사교육 과열지역 초등학생의 학습동기 유발과 스트레스 비교, 연세대학교 대학원, 석사학위논문.

안선회(2009), 사교육비 경감정책 평가연구 : 참여정부를 중심으로, 고려대학교 대학원, 박사학위논문.

양종회(2009), 문화적 취향의 분화와 계급 : 음악장르를 중심으로, 한국사회학, 45⑸, 170-209.

여유진(2008), 한국에서의 교육을 통한 사회이동 경향에 대한 연구, 保健社會研究, 28⑵, 53-80.

여지은(2001), 로지스틱 회귀모형과 Cox 비례위험 회귀모형의 분류율 비교연구, 연세대학교 대학원, 석사학위논문.

오영수 · 윤정식(2003), 일반계 고등학생의 성적결정 요인 분석, 교육재정경제연구, 12⑴, 33-56.

참고 문헌

오영수 · 윤정식(2003), 일반계 고등학생의 성적결정 요인 분석, 교육재정경제연구, 12⑴, 33-56.

오욱환(2008), 교육격차의 원인에 대한 직시 : 학교를 넘어서 가족과 사회로, 교육사회학연구, 18⑶, 111-123.

오호영(2007), 대학서열과 노동시장 성과 : 지방대생 임금차별을 중심으로, 노동경제논집, 30⑵, 87-118.

오호영(2011), 누가, 왜 사교육을 받는가, 2011 한국사회보장학회 춘계정기학술대회 발표논문.

우천식, 조병구, 김영철, 이영, 김태종, 김태일, 김진영, 장수명, 김경근(2004), 사교육의 효과, 수요 및 그 영향요인에 관한 연구, 한국개발연구원연구보고서.

유형선 · 윤정혜(1999), 도시가계의 사교육비 지출규모의 결정요인 : 일반계 고등학생의 과외사교육비를 중심으로, 한국가정관리학회지, 17⑷, 159-171.

윤정일(1997), 초 · 중등학생 과외실태 조사연구, 교육재정경제연구, 특집호, 231-260.

이광현(2012), 특목고 자사고 진학계획이 초등학생 사교육비 지출에 미치는 영향, 교육사회학연구, 22⑵, 155-178.

이광현(2013), 사교육 경감 정책 효과 분석 : EBS 교육방송과 방과후학교를 중심으로, 교육사회학연구, 23⑶, 111-138.

이광현 · 홍지영(2013), 사교육 없는 학교 사업에 대한 비용-편익 분석, 地方敎育經營, Vol. 17, No. 2, 1~28.

이광현 · 권용재(2011), 사교육비와 사교육 시간이 학업성취도에 미치는 효과 분석 : 분위회귀분석을 이용한 접근, 교육재정경제연구, 20⑶, 99-133.

이기석(2013), 학부모의 학교교육열 행동 특성 분석 : 행동경제학적 관점에서, 강원대학교 대학원, 박사학위논문.

이명헌 · 김진영 · 송창용(2005), 사교육(과외)의 학습성취도 향상 효과에 관한 연구,

한국 사교육, 현실과 대안

제1회 한국교육고용패널 학술대회 발표논문, 421-432.

이봉주(2015), 아동의 행복감 국제 비교연구, 서울대 사회복지연구소.

이석원(2003), Propensity Score Matching 방법에 의한 실업자 직업훈련 사업의 효과성 평가, 한국행정학보, Vol. 37 No. 3.

이성규(2004), 장애인 직업관련사업의 효과성과 활성화에 관한 연구, 한국 사회복지학, 56, 155-179.

이수정(2007), 명문대 중심 대입관과 사교육비 지출간의 관계분석 : 사교육 원인에 대한 사회심리적 접근, 교육행정학연구, 25(4), 455-484.

이수정 · 임현정(2009), 중학생의 학업성취에 대한 사교육비 효과 분석, 교육재정경제연구, 18(1), 141-166.

이은우(2006), 중학생 가정의 소득 및 사교육이 성적에 미치는 영향, 청소년학연구, 13(6), 247-274.

이자형 · 이기혜(2011), 대졸자 노동시장 성과 결정요인의 구조적 관계 : 비인지적 능력의 효과를 중심으로, 직업능력개발연구, 14(2), 27-54.

이정연(2011), 경향점수매칭 방법에 의한 중학생의 사교육 효과 분석, 성균관대학교 대학원, 박사학위논문.

이정환(2002), 가족환경, 과외, 성적, 한국사회학, 36(6), 195-213.

이종구 · 김태진 · 권기현(2009), 사교육비 지출 패턴과 경감정책의 효과, 한국교육, 36(2), 189-221.

이종재 · 김현진 · 유균상 · 류방란 · 현주 · 윤종혁 · 나정 · 양승실 · 김양분 · 류한구 · 이희숙(2003), '사교육 문제'에 대한 대책 : 공교육 교육력 강화를 중심으로, 한국교육개발원.

이종재 · 이희숙(2008), 사교육 현상에 대한 세계적 동향 분석 : 사교육을 유발하는 수요기제를 중심으로, 아시아교육연구, 9(2), 203-228.

이종태 · 김양분 · 이인효 · 윤초희 · 성기선 · 김미숙 · 허순영 · 김성식 · 조옥경

(2002), 선행학습 효과에 관한 연구, 한국교육개발원.

이종태 · 김양분 · 이인효 · 윤초희 · 성기선 · 김미숙 · 허순영 · 김성식 · 조옥경
(2002), 선행학습 효과에 관한 연구, 수탁연구 CR 2002-5, 한국교육개발원.

이준구(1993), 경제현실과 경제학의 윤리성, 한국사회과학, 15⑴, 43-86.

이찬영(2008), 사교육투자의 효율성 분석 : 고3의 사교육투자를 중심으로, 한국은
행 금융경제연구원.

이해명(2001), 사교육의 교육적 효과, 한국교육포럼 제3차 교육문제 세미나, 한국
교육개발원.

이희숙(2003), 과외행위에 관한 게임이론적 접근, 서울대학교 대학원, 석사학위논
문.

임걸 · 정영식(2010) 수능 인터넷강의 선호요인 사례분석 : 학업성취 수준을 중심으
로, 한국콘텐츠학회논문지, 10⑿, 477-491.

임순천 · 박소영 · 이광호(2004), 사교육이 학업성취에 미치는 영향, 교육재정경제
연구, 13⑴, 331-356.

임창규(2009), 세대 간 직업계층 계승과 지속성 간의 관계 연구, 고려대학교 대학
원, 박사학위논문.

임천순 · 박소영 · 이광호(2004), 사교육이 학업성취에 미치는 영향, 교육재정경제
연구, 13⑴, 331-356.

장미혜(2001), 문화자본과 소비양식의 차이, 한국사회학, 35⑶, 51-81.

장미혜(2002), 사회계급의 문화적 재생산 : 대학간 위계서열에 따른 부모의 계급구
성의 차이, 한국사회학, 36⑷, 223-251.

장상수(2001), 한국의 사회이동, 서울대학교 출판부.

장상수(2008), 가족배경, 문화자본, 성적, 한국사회학, 42⑶, 63-85.

장상수 · 손병선(2005), 가족배경이 학업성적에 미치는 영향, 한국사회학, 39⑷,
198- 230.

장지현(2006), 대졸자의 노동시장성공에 대한 구직 정보 획득경로 비교연구 : 학교를 중심으로, 한국교육, 33⑷, 141-165.

전방지 · 한미라(2008), IT분야 여성 창업에서 인적자본의 역할, 산업경제연구, 21⑹, 2909-2929.

전인식 · 나일주 · 이영준 · 한건우 · 정영식 · 정경아 · 김영직(2006), 사교육비 절감을 위한 EBS 수능 강의의 2주년 성과와 발전 방안 연구, 한국교육개발원.

정동욱 · 박현정 · 하여진 · 박민호 · 이호준 · 한유경(2012), EBS 교육 프로그램의 사교육 경감 효과 분석 : 서울특별시 중 · 고등학교를 중심으로, 교육행정학연구, 30⑶, 21-42.

정영숙(1996), 가계의 교육비 지출과 선별가설 : 사교육비를 중심으로, 소비자학연구, 7⑵, 207-221.

정영식 · 김영식 · 김일혁 · 이광현 · 이명준(2008), EBS 수능강의 성과 분석 및 개선방안 연구, 한국교육개발원.

정영식 · 김영식(2009) 수능강의 활용 실태 및 사교육비 억제 효과 분석, 컴퓨터교육학회 논문지, Vol. 12 No. 4

정영식 · 정미영 · 최정희(2007), 2007년 EBS 수능 강의 발전 방안 연구, 한국교육개발원.

정영애 · 김정미(2002) 가정의 사회경제적 지위, 사교육, 그리고 학업성취와의 관계, 인문논총, 9, 113-136.

정윤경 · 이민혜 · 우연경 · 봉미미 · 김성일(2010), 사교육 시간에 따른 학습동기, 학습전략 사용 및 학업성취도의 변화, 한국심리학회지 : 문화 및 사회문제, 16⑵, 103-124.

정지선 · 김훈호(2009), 대학생의 사교육 참여 및 사교육비 지출에 영향을 미치는 변인 분석, 교육재정경제연구, 18⑶ ,89-122.

정혜경(2012), 비실험 연구에서 인과효과 추정을 위한 방법론적 고찰, 교육학연구,

50(3), 29-50.

조우현(2004), 아버지 학력과 노동시장 불평등, 勞動經濟論集, 27(2), 67-89.

조혜영·이경상(2005), 사교육 시간, 개인공부시간, 학교수업참여도의 실태 및 주관적학업성적 향상 효과, 한국교육, 32(4), 29-56.

채재은·임천순·우명숙(2009), 방과후학교와 수능강의가 사교육비 및 학업성취도에 미치는 효과 분석, 교육재정경제연구, 18(3), 37-62.

채창균(2007), EBS 수능강의 참여 실태와 효과 분석, 한국직업능력개발원.

최강식(2007), 고용영향 분석평가 방법론 연구, 직업능력개발연구, 10(3), 181-202.

최샛별(2002a), 상류계층 공고화에 있어서의 상류계층 여성과 문화자본 : 한국의 서양고전음악전공여성 사례, 한국사회학, 36(1), 113-144.

최샛별(2002b), 한국사회에서의 문화자본의 체화 과정에 관한 연구 : 서양고전음악 사례를 중심으로, 가족과문화, 14(3), 97-129.

최준호(2007), 한국 고졸 청년층의 사회자본과 직업성취 : 개인적 연결망과 제도적 연결망의 비교를 중심으로, 전북대학교 대학원, 박사학위논문.

최진이(2005), 로지스틱 회귀모형과 로지스틱 다층모형의 경험적 비교, 연세대학교 대학원 석사학위논문.

최형재(2008), 사교육의 대학진학에 대한 효과, 한국노동연구원 워킹페이퍼.

통계청(2010b), 사교육비조사보고서, http://kosis.kr (검색일 : 2012.7.3.).

통계청(2014), 2013 사교육비실태조사 결과 발표, 대전 : 통계청.

통계청(2015), 2014 사교육비실태조사 결과 발표, 대전 : 통계청.

한국교육개발원(2003), 사교육 실태 및 사교육비 규모 분석 연구, 수탁연구 CR2003-19, 한국교육개발원.

한국교육개발원(2009), 2009 선진형 영재교육 정착 추진계획, 서울 : 한국교육개발원.

한국직업능력개발원(2012), 중·고등학생의 적성 및 학습시간 변화, KRIVET

한국 사교육, 현실과 대안

Issue Brief, 제3호(2012.5.15.).

한기순(2006), 대학부설 과학영재교육원 프로그램 효과성의 총체적 진단과 분석, 한국과학재단.

한대동 · 성병창 · 길임주(2001), 고등학생 학업성취에 대한 학교효과와 과외효과의 비교연구, 교육사회학연구, 11(1), 33-54.

한상만 · 조순옥 · 이희수(2011), EBS 수능강의의 사교육비 경감효과 인식 분석, 한국교육문제연구, 29(1), 171-191.

한상완 · 이철선 · 이주량(2007), 사교육, 노후불안의 주된 원인-사교육 실태조사 및 시장규모 추정, 현대경제연구원.

한성열(1994), 한국문화와 그릇된 교육의식 및 관행, 한국심리학회지 : 문화 및 사회문제, 1(1), 95-107.

한수경 · 박재범 · 손형국(2015) 사교육과 자기주도학습이 서울시 일반계 고등학생의 수학학업성취에 미치는 영향, 한국교육학연구, 21(1), 197-216.

홍신기 · 권동택(2011), 사교육 관련 주요 문제 국제 비교, 초등교과교육연구, 14, 121-144.

홍후조(2006), 국가교육과정 현안 분석 연구, 대통령자문 교육혁신위원회.

황덕순(2001), 도시취업자의 세대간 직업이동과 세대내 이동, 勞動經濟論集, 24(2), 35-62.

황매향(2008), 학업성취도 향상 요인에 대한 청소년의 지각, 초등상담연구, 7(2), 117-129.

황여정 · 백병부(2008), 대졸 청년층의 노동시장 성과 결정요인, 고용직업능력개발연구, 11(2), 1-23.

Akker, J. V. D. (2003). Curriculum Perspectives : An Introduction. Curriculum Landscapes and Trends. Dordrecht : Kluwer Academic Publishers.

Althauser, R. & Rubin, D. (1970). The computerized construction of a matched sample, American Journal of Sociology, 76, 325-346.

Arrow, K. J. (1973). Higher Education as Filter, Journal of Public Economics, 2, 193-216.

ASER(Annual Status of Education Report)—Pakistan. (2011). Annual Status of Education Report (Rural). Islamabad : South Asian Forum for Education Development (SAFED). Available on-line : http://www. safedafed.org/aser/document/aser/2011 /Total%20PDF%20Aser%20 Report%20Low%20resulation.pdf

Aslam, M. & Atherton, P. (2011). The "Shadow" Education Sector in India and Pakistan : The Determinants, Benefits and Equity Effects of Private Tutoring. Presentation at the UKFIET (United Kingdom Forum for International Education and Training) Conference, University of Oxford, 13-15 September.

Austin, P. C. & Mamdani, M. M. (2006). A comparison of propensity score methods : A case-study estimating the effectiveness of post-AMI statin use. Statistics in medicine, 25(12), 2084-2106.

Austin. P. C. (2007). Propensity score matching in the cardiovascular surgery literature from 2004 to 2006 : a systematic review and suggestions for improvement, The Journal of Thoracic and Cardiovascular Surgery, 134(5), 1128-1135.

Austin. P. C. (2008). A critical appraisal of propensity-score matching in the medical literature between 1996 and 2003, STATISTICS IN MEDICINE Statist. Med. 2008; 27 : 2037.2049, Published online 23 November 2007 in Wiley Inter Science (www.interscience.wiley.com)

DOI : 10.1002/sim.3150

Bae, S. H., Kim, H. C., Lee, C. W., & Kim, H. W. (2009) The relationship between after-school program participation and students demographic background, KEDI Journal of Education; Policy, 6(2), 69-96

Baker, D. P. & LeTendre, G. K. (2005). National differences, global similarities : World culture and the future of schooling. Stanford : Stanford University Press.

Baker, P. D., Akiba, M., LeTendre G. K. & Wiseman, A. W. (2001). Worldwide Shadow Education : Outside-School Learning, Institutional Quality of Schooling and Cross-National Mathematics Achievement, Educational Evaluation and Policy Analysis, 23(1), 1-17.

Bakhutashvili, S. (2011). General Ability : Learning or Development? : Tbilisi State University. (In Georgian).

Becker, G. S. (1962). Investment in Human Capital : A Theoretical Analysis, Journal of Political Economy, 70(5), Part 2 : Investment in Human Beings, 9-49.

Becker, G. S. (1993). Human capital (3rd ed). The University of Chicago Press.

Becker, G. S. (1994). Human Capital : A Theoretical and Empirical Analysis with Special Reference to Education (3rd Edition). The University of Chicago Press. http://www.nber.org/books/beck94-1

Becker, S. O. & Ichino, A. (2002). Estimation of average treatment effets based on propensity scores, The State Journal, 2(4), 358-377

Behtoui, A. & Neergaard, A. (2010). Social capital and wage disadvantages among immigrant workers, work, employment and society, 24(4), 761-779.

Biswal, B. P. (1999). Private tutoring and public corruption : a cost-effective education system for developing countries, The Developing Economies, 37(2), 222-240.

Blau, P. M. & Duncan, O. D. (1967). The American Occupational Structure. New York : John Wiley and Sons.

Borland, J. H. (2005). Gifted education without gifted children : The case for no conception of giftedness. In R. J. Sternberg. Conceptions of giftedness(2nd ed.), Cambridge University Press.

Bourdieu, P. (1984). Distinction : A Social Critique of the Judgement of Taste. Harvard University Press.

Bourdieu, P. (1986). Habitus, code et codification. Actes de la Recherche en Sciences Sociales, 64, 40-44.

Braun, H., Jenkins, F. & Grigg, W. (2006) Comparing Private Schools and Public Schools Using Hierarchical Linear Modeling, National center for Education Statistics.

Bagdasarova, N. & Ivanov, A., (2009). Private Tutoring in Kyrgyzstan. In Silova, Iveta (2009). Private Supplementary Tutoring in Central Asia : New Opportunities and Burdens. Paris : UNESCO International Institute for Educational Planning (IIEP), 119-142.

Benveniste, L., Marshall, J. H. & Santibañez, L. (2008). Teaching in Lao PDR. Washington DC : Human Development Sector, East Asia and the Pacific Region, World Bank, and Vientiane : Ministry of

Education, Lao People's Democratic Republic.

Bray, M. (1999a). The Private Costs of Public Schooling : Household and Community Financing of Primary Education in Cambodia. Paris : UNESCO International Institute for Educational Planning (IIEP). Available on-line : http://unesdoc.unesco.org/images/0011/001176/117632e.pdf

Bray, M. (1999b). The Shadow Education System : Private Tutoring and its Implications for Planners. Fundamentals of Educational Planning 61. Paris : UNESCO International Institute for Educational Planning (IIEP). Available on-line : http://www.iiep.unesco.org/information-services/publications/search-iiep-publications/economics-of-education.html

Bray, M. (2003). Adverse Effects of Private Supplementary Tutoring : Dimensions, Implications and Government Responses. Series "Ethics and Corruption. Paris : UNESCO International Institute for Educational Planning (IIEP). Available on-line : http://www.iiep.unesco.org/information-services/publications/ abstracts/2003/etico-adverse-effects.html

Bray, M. (2007). The shadow education system : private tutoring and its implications for planner(2th edition). Paris 2007 UNESCO : International Institute for Educational Planning. http://unesdoc.unesco.org/images/0011/001184/118486e.pdf

Bray, M. (2008). Double-Shift Schooling : Design and Operation for Cost-Effectiveness (Third edition). Fundamentals of Educational Planning 90, Paris : UNESCO International Institute for Educational

Planning (IIEP).

Bray, M. (2009). Confronting the Shadow Education System : What Government Policies for What Private Tutoring? Paris : UNESCO International Institutefor Educational Planning (IIEP). Available on-line : http://www.unesco.org/iiep/eng/ publications/recent/abstracts/2009/Bray_Shadoweducation.htm

Bray, M. (2010). Researching Shadow Education : Methodological Challenges and Directions, Asia Pacific Education Review, 11(1), 3-13.

Bray, M. (2011). The Challenge of Shadow Education : Private Tutoring and its Implications for Policy Makers in the European Union. Brussels : European Commission. Available on-line : http://www.nesse.fr/nesse/activities/reports/the-challenge-of-shadow-education-1

Bray M., & Lykins C. (2012). Shadow Education Private Supplementary Tutoring and Its Implications for Policy Makers in Asia. 2012 Asian Development Bank, Available on-line : http://adb.org/sites/default/files/pub/2012/shadow-education.pdf

Bray, M., & Bunly, S. (2005). Balancing the Books : Household Financingof Basic Education. Cambodia, Washington DC : World Bank, and Hong Kong : Comparative Education Research Centre. The University of Hong Kong. Available on-line : http://www0.hku.hk/cerc/Publications/cambodia.htm

Bray, M. & Suso, E. (2008). The Challenges of Private Supplementary Tutoring : Global Patterns and their Implications for Africa.

한국 사교육, 현실과 대안

Paper commissioned for the Biennial Ministerial Meeting of the Associationfor the Development of Education in Africa, Maputo, Mozambique.

Brehm, W. & Iveta, S. (2012). Hidden Privatization of Public Education in Cambodia : Equity Implications of Private Tutoring, Journal for Educational Research Online, in press.

Brown, P. (1990), The 'Third Wave' : Education and the Ideology of Parentocracy, British Journal of Sociology of Education, 11(1), 65-85.

Buchmann, C. (2002). Getting ahead in Kenya : Social capital, shadow education, and achievement, Research in Sociology of Education, 13, 135-161.

Buchmann, C. & Hannum E. (2001). Education and stratification in developing countries : A review of theories and research. Annual Review of Sociology, 27, 77-102.

Bui, S. A., Craig, S. G., & Imberman, S. A. (2010). Is Gifted Education a Bright Idea? Assessing the Impact of Gifted and Talented Programs on Achievement. The National Bureau ofEconomic Research(NBER) Working papers 17089.

Burt, R. (1992). Structural Holes : The Social Structure of Competition. Harvard University Press : Cambridge, MA.

Burt, R. (2005). Brokerage and Closure : An Introduction to Social Capital. Oxford University Press.

Burton, M. D., & David B. G. (1992). A quantitative history of comparative stratification research, Contemporary Sociology, 21(5), 623-631.

Byun, S. Y. (2011). Shadow Education and Academic Success in South Korea. College of Education, Pennsylvania State University.

Cameron, A. & Trivedi, K. 005). MicroEconometrics-Methods and Applications. Cambridge.

Caritas Community and Higher Education Service. (2010). Private Supplementary Tutoring of Secondary Students : Investigation Report. Hong Kong : Caritas. (In Chinese) Available on-line : http://klncc.caritas.org.hk/private/document/644.pdf

Cheo, R. & E. Quah. (2005). Mothers, maids and tutors : An empirical evaluation of their effect on children's academic grades in Singapore, Education Economics, 13(3), 269-85.

Coleman, J. S. (1961). The adolescent society : The social life of teenagers and its impact on education. New York : The Free Press.

Coleman, J. S. (1988). Social capital in the creation of human capital, American journal of sociology, 94, 95-120.

Coleman, J. S., Campbell, E. Q, Hobson, C. J., McPartland, J., Mood, A. M., Weinfeld, F. D & York. R. L. (1966). Equality of Educational Opportunity. Washington, D. C. : U. S. Government Printing Office.

Dang, H. A. (2007). The Determinants and Impact of Private Tutoring Classes in Vietnam, Economics of Educational Review, 26, 684-699.

d'Agostino, R. B. (1998). Tutorial in biostatistics : propensity score methods for bias reduction in the comparison of a treatment to a non-randomized control group, Statatistics in Medicine, 17(19), 2265-2281.

De Silva, W. A., Gunawardene, C., Hayeweera, S., Perera, L., Rupasinhe, S. & Wijetunege, S. (1991). Extra-school instruction, social equity and educational quality in Srk Lanka, Report to the International Development Research Centre, Simgapore.

DiMaggio, P. (1994). Culture and Economy. in Neil Smelser and Richard Swedberg(eds.), The Handbook of Economic Sociology, Princeton University Press : Princeton.

Dong, A., Ayush, B., Tsetsgee, B. & Sengedorj., T. (2006). Mongolia. In Iveta Silova, Virginija Būdienė, & Mark Bray (Eds.). Education in a Hidden Marketplace : Monitoring of Private Tutoring. New York : Open Society Institute, 257-277.

Dore, R. (1976). Diploma Disease : Educational Qualification and Development. University of California Press. 이건만, 김성학 역(1992), 졸업장열병, 양서원.

Eleanore, H. (2007). The validity of collaborative assessment for learning, Assessment in Education : Principles, Policy & Practice, 14(2), 185-199.

EPPM(International Institute of Education Policy, Planning and Management). (2011). Study of Private Tutoring in Georgia. Tbilisi : EPPM. (In Georgian).

Fergany, N. (1994). Survey of access to primary education and acquisition of basic literacy skills in three governorates in Egypt. Cairo : UNICEF.

Field, J. (2003). Social Capital. London.

Foondun, A. R. (2002). The Issue of Private Tuition : An Analysis of the Practice in Mauritius and Selected South-East Asian Countries.

International Review of Education, 48(6), 485-515.

Granovetter, M. S. (1973). The Strength of Weak Ties, American Journal of Sociology, 78(6), 1360-1380.

Gu, X. S. & Rosenbaum, P. R. (1993). Comparison of multi-variate matching methods : Structures, distances, and algorithms. J ournal of Computational and Graphical Statistics, 2(4), 405-420.

Gunasekara, P. D. J. (2009). A Study of The Attendance Patterns of G.C.E. (A/L) Student at School, Sri Lankan Journal of Educational Research, 11, 56-89.

Ha, T. T. & Harpham, T. (2005). Primary education in Vietnam : Extra classes and outcomes, International Education Journal, 6(5), 626-634.

Hagg, L. (2001). Hält bezahlter Nachhilfeunterricht, was er verspricht? Eine Evaluationsstudie : Is Private Tutoring Effective? An Evaluation Study, Zeitschrift für Pädagogische Psychologie [German Journal of Educational Psychology] 15(1) : 38-44.

Han, Y. K. & Kim, H. J. (1997). The Tuition of Private Institute (Hagwon) : Problems and Their Measures. Seoul : Korean Educational Development Institute(KEDI). (In Korean).

Hertzog, N. B. (2003). Impact of gifted programs from the student's perspective, Gifted Child Quarterly, 47(2), 131-143.

Ho, D. E., Imai, K., King, G. & Stuart, E. A. (2007). Matching as nonparametric preprocessing for reducing model dependence in parametric causal inference. Political analysis, 15(3), 199-236.

Holland, P. W. (1986). Statistics and causal inference. Journal of the

한국 사교육, 현실과 대안

American statistical Association, 81(396), 945-960.

Horio, T. (1986). Towards Reform in Japanese Education : A Critique of Privatisation and Proposal for the Re-creation of Public Education, Comparative Education, 22(1), 31-36.

Ireson, J., & K. Rushforth. (2005). Mapping and evaluating shadow education. ESRC Research Project RES-000-23-0117. London : Institute of Education, University of London.

Japan, Ministry of Education and Training. (2008). Report on the Situation of Academic Learning Activities of Children. Tokyo : Monbukagakusho Hokokusho. (In Japanese).

Jayachandran, S. (2008). Incentives to Teach Badly? After-School Tutoring in Developing Countries. Palo Alto : Department of Economics, Stanford University. Available on-line : http://faculty.wcas.northwestern.edu/~sjv340/tutoring.pdf

Jin, L. (2012), Cultural Foundations of Learning : East and West. Cambridge University Press New York.

Kalikova, S. & Rakhimzhanova, Z. (2009). Private Tutoring in Kazakhstan, In Silova, Iveta (Ed.), Private Supplementary Tutoring in Central Asia : New Opportunities and Burdens. Paris : UNESCO International Institute for Educational Planning (IIEP), 93-118.

Kenayathulla, H. B. (2012). An Economic Analysis of Household Educational Decisions in Malaysia. PhD dissertation, School of Education, Indiana University.

Kim, K. K. (2010). Educational Equality, In Lee, Chong Jae, Kim, Seongyul & Adams, Don (Eds.), Sixty Years of Korean Education. Seoul : Seoul

National University Press, 285-325.

Ko, I. & Xing, J. (2009). Extra Classes and Subjective Well-being : Empirical Evidence from Vietnamese Children. Young Lives Working Paper No. 49, Oxford : Department of International Development, University of Oxford. Available on-line : http://www.dfid.gov.uk/r4d/SearchResearchDatabaseasp?OutPutId= 180042

Kang, C. H. (2005). The More the Better? The Effect of Private Educational Expenditures on Academic Performance : Evidence from Exogenous Variationin Birth Order. National University of Singapore, presented at the 1st Korean Education & Employment Paney Conference, Seoul, Korea.

Kang, C. H. (2010). Confronting the shadow education system : what government policies for what private tutoring?, Education Economics Sep, 2010, 18(3), 373-375.

Kang, C. H. (2009). Does Money Matter? The Effect of Private Education Expenditures on Academic Performance in the Republic of Korea, in Barrera-Osorio, Felipe; Patrinos, Harry Anthony and Wodon, Quentin(eds), Emerging Evidence on Vouchers and Faith-Based Providers in Education : Case Studies from Africa, Latin America, and Asia. Washington DC : World Bank.

Kulpoo. D. (1998). The quality of education : Some policy suggestions based on a survey of schools in Mauritius. International Institutue for Educational Planning (UNESCO) : Paris.

Layard, R. & Psacharopoulos, G. (1974). The screening Hypothesis and the Returns to Education, Journal of Political Economy, 82(5), 985-998.

한국 사교육, 현실과 대안

Le, T. D. & Baulch, B. (2011). Do Extra Calsses Make Kids Smarter? Evidence from Vietnam, Paper presented at the 11th biennial conference of the United Kingdom Forum for International Education and Training, Oxford, 13-15 September.

Lee, C. J. (2005). Korean education fever and private tutoring. KEDI Journal of Educational Policy, 2(1), 99-107.

Lee, J. T., Kim, Y. B. & Yoon, C. H. (2004). The effects of pre-class tutoring onstudent achievement : challenges and implications for public education in Korea. KEDI Journal of Educational Policy, 1(1), 25-42.

Lee, J. (2007). Two worlds of private tutoring : the prevalence and causes of after-school mathematics tutoring in Korea and the United States, In Teachers College Record, 109(5), 1207-1234.

Levy, F. & Murnane, R. (1992). U.S. Earnings Levels and Earnings Inequality : A Review of Recent Trends and Proposed Explanations, Journal of Economic Literature, 30, 1333-1381.

Levine, D. K. & Fudenberg, D. (1998). Theory of Learning in Games, MIT Press, London

Lin, N. (1999). Building a Network Theory of Social Capital, CONNECTIONS, 22(1), 28-51.

Lin, N. (2001). Social capital : theory and research. Cambridge : Cambridge Uniersity Press.

Lin, N. & Dumin, M. (1986). Breiger, Ronald L. and Philippa E. Pattison, Cumulated social roles : The duality of persons and their algebras 215 Burt, Ronald S., A note on sociometric order in the General Social Survey network data 149 Burr, Ronald S., A cautionary note

205 Burt, Ronald S. and Miguel G. Guilarte, A note on scaling the General Social Survey, Social Networks, 8(397), 397-397.

Mincer, J. & Polachek, S. (1974). Family investment in human capital : Earnings of women, Journal of Political Economy, 82(2), 576-588.

Mood, F. D. Weinfeld, & Robert L. Y. (1966). Equality of educational opportunity. Washington, DC : U.S. Government Printing Office.

Morgan, B. L. (2001), Statistically lively uses for obituaries, Teaching of Psychology, 28, 56-58.

Morgan, J. N. & Duncan, G. J. (1982). Making your choices count : Economic principles for everyday decisions. Ann Arbor : University of Michigan Press.

Myanmar Education Research Bureau. (1992). Education Sector Study Phase 1 : Final Report. Yangon : Myanmar Education Research Bureau.

Neumann, J. V. & Morgenstern, O. (1944). Theory of Games and Economic Behavior. Princeton Univ. Press, Princeton NJ.

Nishio, M. (2007). Use of private supplementary instruction (private tutoring) by U.S. high school students : its use and academic consequences, Digital Repository at the University of Maryland University of Maryland (College Park, Md.)

Nonoyama-Tarumi, Y. (2011). Prevalence and Determinants of Participation in Shadow Education in Four East Asian Societies. Comparative Education (Japan Comparative Education Society), 43, 63-82.

OECD. (2011a). Education at a glance 2011 : OECD Indicators. Retrieved July 3. 2012. from http://dx.doi.org/10.1787/eag-2011-en

한국 사교육, 현실과 대안

OECD. (2011b). Quality time for students : Learning in and out of school. Retrieved July 3, 2012, from http://dx.doi.org

OECD. (2012). PISA 2012 Results in Focus www.oecd.org/pisa

Ostrom, E., Gardner, R. and Walker, J. (1994). Rules, Games, and Common-Pool Resources. The University of Michigan Press

Pallegedara, A. (2011). Demand for Private Tuition Classes under the Free Education Policy : Evidence Based on Sri Lanka. Munich : Munich Personal RePEc Archive. Available on-line : http://mpra.ub.uni-muenchen.de/31969/1/MPRA_paper_31969.pdf

Pare-Kabore, A. (2006). Home tutoring in Ouagadougou : situation and influence on the results of secondary education pupils. International Conference on Education and Training : The Search for Quality. Institut de recherche pour le de´veloppement, Ho Chi Minh City. Vietnam.

Park, N. & Weidman, J. C. (2000). Higher Education in Korea : Tradition and Adaptation. New York : Falmer Press.

Parsons, L. S. (2004). Performing a 1 : N Case-Control Match on Propensity Score. Proceedings of the 29th SAS Users Group.

Paviot, L., Heinsohn, N., and Korkman, J. (2005). Extra tuition in Southern and Eastern Africa : Coverage, growth and linkages with pupil achievement. Paper prepared for the International SACMEQ Educational Policy Research Conference, 28 September-2 October, UNESCO International Institute for Educational Planning, Paris.

Polydorides, G. (1986). The Determinants of Educational Achivement at the End of Secondary Scholling, The Case of Greece.

Portes, A. (1998). Social Capital : Its Origins and Applications in Modern Sociology, Annual Review of Sociology, 24, 1-24.

Psacharopoulos, G. & Partrinos, H. A. (2004). Returns to Investment in Education : A Further Update, Education Economics, 12(2), 111-134.

Putkiewicz, E. (2005). Private tutoring : shadow education. Warsaw, The Institute of Public Affairs.

Raudenbush, S. W., & Bryk, A. S. (2002). Hierarchical Linear Models : Applications and data analysis methods (2nd ed). Thousand

Rohlen, T. P. (1980). The Juku Phenomenon : An Exploratory Essay, Journal of Japanese Studies, 6(2), 207-242.

Rohlen, T. P. (1983), Japan's High Schools. Unversity of California Press.

Rosenbaum, P. R. (2002). Observational studies(2nd ed.). New York : Springer.

Rosenbaum, P. R., & Rubin, D. B. (1983). The central role of the propensity score in observational studies for causal effects, Biometrika, 70(1), 41-55.

Rosenbaum, P. R., & Rubin, D. B. (1985). The bias due to incomplete matching. Biometrics, 41, 103-116.

Rubin, D. B. (1973) Using Multivariate Matched Sampling and Regression Adjustment to Control Bias in Observational Studies, Journal of the American Statistical Association, 74(366), 318-328.

Rubin, D. B. (2001). Using propensity scores to help design observational studies : application to the tobacco litigation. Health Services and

한국 사교육, 현실과 대안

Outcomes Research Methodology, 2(3-4), 169-188.

Sawada, T. & Kobayashi, S. (1986). An Analysis of the Effect of Arithmetic and Mathematics Education at Juku. Translated with an afterword by Horvath, P. Compendium 12, Tokyo : National Institute for Educational Research.

Schultz, T. W. (1961). Investment in Human Capital, American Economic Review, 51(1), 1-17.

Schultz, T. W. (1963). The Economic Value of Education. New York : Columbia University Press.

Schultz, T. W. (1981). Investing in People : the Ecomomics of Population Quality. University of California Press. Berkely.

Seth, M. J. (2002). Education Fever : Society, Politics, and the Pursuit of Schooling in South Korea. Honolulu. University of Hawai'i. Press.

Sewell, W. H. & Robert M. H. (1993). A review of the Wisconsin longitudinal study of social and psychological factors in aspirations and achievements 1963-1992. Unpublished work. Retrieved July 3, 2012, from http://www.ssc.wisc.edu

Shadish, W. R., Clark, M. H., & Steiner, P. M. (2008). Can non-randomized experiments yield accurate answers? A randomized experiment comparing random and nonrandom assignments. Journal of the American Statistical Association, 484(103), 1334-1356

Shadish, W. R., Cook, T. D., & Campbell, D. T (2002). Experimental and quasi-experimental designs for generalized causal inference. Boston : Houghton- Mifflin.

Silova, l. & Elmina, K. (2006). Azebaijan, In Silova, Iveta, Budiene, Virginija,

and Bray, Mark(eds.), Education in a Hidden Marketplace :
Monitoring of Private Tutoring. New York : Open Society
Institutue, 113-142.

Son, J. & Lin, N. (2012). Network diversity, contact diversity, and status
attainment, Social networks, 34(4), 601-613.

Stevenson, D. L. & Baker, D. P. (1992). Shadow education and allocation
in formal schooling : Transition to university in Japan, American
Journal of Sociology, 97(6), 1639-1657.

Strand, S. & Winston, J. (2008). Educational aspirations in inner city
schools, Educational Studies, 34(4), 249-267.

Stuart, E. A. (2010). Matching methods for causal inference : A review and
a look forward. Statistical science : a review journal of the Institute
of Mathematical Statistics, 25(1), 1-21.

Stuart, E. A. (2010). Matching methods for causal inference : A review and
a look forward. Statistical science : a review journal of the Institute
of Mathematical Statistics, 25(1), 1-21.

Stuart, E. A., & Rubin, D. B. (2007). Best practices in quasi-experimental
designs : Matching methods for causal inference, In Best practices
in quantitative methods, ed. Jason Osborne. New York : Sage, 55-
176.

Silova, I. (2009). Education and Post-Socialist Transformations in Central
Asia, In Silova, Iveta (Ed.), Private Supplementary Tutoring in
Central Asia : New Opportunities and Burdens. Paris : UNESCO
International Institute for Educational Planning (IIEP), 49-68.

Silova, I. & Kazimzade, E. (2006). Azerbaijan, In Silova, Iveta, Būdienė,

한국 사교육, 현실과 대안

Virginija, & Bray, Mark (eds.), Education in a Hidden Marketplace :
Monitoring of Private Tutoring. New York : Open Society Institute,
113-142.

Tan, J. (2009). Private Tutoring in Singapore : Bursting out of the Shadows.
Journal of Youth Studies (Hong Kong), 12(1), 93-103.

Tan, P. L. (2011). The Economic Impacts of Migrant Maids in Malaysia.
PhD thesis. University of Waikato. Available on-line :
http://researchcommons.waikato.ac.nz/bitstream/
handle/10289/5366/thesis.pdf?sequence=3

The Nation (Bangkok). (2011). Cram Schools Should be Taxed
and Controlled. 17 January. Available on-line :
http://www.nationmultimedia.com/2011/01/17/opinion/Cram-
schools-should-be-taxed-and-controlled-30146513.html

Tan, P. L. (2011). The Economic impacts of Migant Maids in Malaysia.
PhD thesis, Unversity of Wailkato.

Thapa, A. (2011). Does Private School Competition Improve Public School
Performance? The Case of Nepal. PhD dissertation, Graduate
School of Arts and Sciences, Columbia University. Available on-
line : http:// academiccommons.columbia.edu/catalog/ac : 132305

Treiman, D. J. (1977). Occupatinal Prestige in Comparative Persperctive.
Acedemic Press. New York.

UNESCO(2005). Education for all The Quality Imperative. EFA Global
Monitoring Report 2005
http://unesdoc.unesco.org/images/0013/001373/137333e.pdf

VanTassel-Baska, J. (2006). A content analysis of evaluation findings across

20 gifted programs : A clarion call for enhanced gifted program development. Gifted Child Quarterly, 50(3), 199-215.

Vroom, V. H. (1964). Work and motivation. New York : Wiley. Carnegie Institute of Technology, Pittsburgh. PAJ http://garfield.library.upenn.edu/classics1985/A1985AKX9100001.pdf

UNDP(United Nations Development Programme). (2007). Educational Transformations in Armenia : National Human Development Report 2006. Yerevan : UNDP.

White, M. (1987). The Japanese Education Challenge : A Commitment to Children. Tokyo and New York : Kodansha International.

Wu, L. J. (2004). Disaffection and cramming : the story from Taiwan In : International Journal on School Disaffection, 2(1), 15-20

Zhang, Y. (2011). The Determinants of National College Entrance Exam Performance in [People's Republic of] China—With an Analysis of Private Tutoring. PhD dissertation, Columbia University.

인터넷 검색

http://tyriroont.tistory.com/240

한국 사교육, 현실과 대안

윤유진

성균관대학교에서 「경향점수매칭 분석방법을 통한 사교육, 방과후학교, EBS참여가 학업성취에 미치는 효과분석」으로 박사학위를 받았다. 한국교육개발원 부연구위원, 성균관대학교 연구교수를 거쳐, 현재 건국대학교 교양대학 조교수로 재직하고 있다. 2009년부터 2015년까지 성균관대학교 사교육정책중점연구소에서 연구교수로 재직했으며 사교육관련 학술논문으로는 『영어사교육 참여 및 영어사교육비 지출에 영향을 주는 변인분석』(외국어교육 2012), 『영어 사교육비 및 참여 경감에 대한 방과후학교 및 EBS효과』(언어학연구 2015), 『사교육, 방과후학교, EBS참여가 학업성취에 미치는 효과분석』(교육행정학연구 2016) 등이 있으며 30여 편의 사교육 및 방과후학교 관련 정부 보고서가 있다. 이후 사교육, 교양영어교육, 교육평가에 대한 연구를 지속해 오고 있다. 저서 및 역서로 『윤유진이 본 외국의 교육현장』(강현출판사, 2010), 『영어몰입 프로그램, 영어능력과 문화정체성에 어떤 영향을 줄까?』(한국학술정보, 2008) 외 다수가 있다.

한국 사교육, 현실과 대안

초판 1쇄 인쇄 2019년 12월 12일
초판 1쇄 발행 2019년 12월 20일

지 은 이	윤유진
펴 낸 이	이대현

책임편집	백초혜
편 집	이태곤 권분옥 문선희
디 자 인	안혜진 최선주 김주화
기획/마케팅	박태훈 안현진

펴 낸 곳	도서출판 역락
주 소	서울시 서초구 동광로46길 6-6 문창빌딩 2층(우06589)
전 화	02-3409-2055(대표), 2058(영업), 2060(편집) FAX 02-3409-2059
이 메 일	youkrack@hanmail.net
홈페이지	www.youkrackbooks.com
등 록	1999년 4월 19일 제303-2002-000014호

ISBN 979-11-6244-422-1 93370